中原淳一の
スタイルブック
わたしのおしゃれ

文化出版局

新しいということ

毎年、スカートが長くなったり、短くなったり、ヘアスタイルもいろいろ変わったり、それから靴のかかとが太くなったり細くなったり、そんなものを身につける新鮮さも嬉しいものです。

しかし、最近はマスコミが、人間の生き方や、ものの考え方にまでこれでもかこれでもかと流行を作って、そんな生き方をすることが、また、そういう考え方をする方が、新しいといわれたり、カッコイイ生き方だと考えられたりする傾向があるのではないでしょうか。

人生をスカートの長さや、ヘアスタイルのようには考えないで下さい。

今、古いといわれている人間の習慣や生き方の中には、事実、切り捨てなければならないようなものも数多くあるでしょう。

しかし、そんなものばかりではないはずです。何千年もの長い年月を生きてきて、その積み重ねから、人間を一番幸せにする基本のようなものが出来上がってきて、それから今日まで続いているものなら、それは、人間という動物の本質的なものだともいえるのではないでしょうか。

だから、ちょっとした興味本位な思いつきや、無責任に作り上げられた風潮で「そんなの古い」と片づけてしまえないものもたくさんあるはずです。

「いつまでも古くならないもの」-----それこそがむしろもっとも「新しい」ものだとはいえないでしょうか。

人生はスカートの長さではないのです。

中原淳一

1971年『女の部屋』5号より

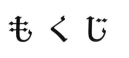

もくじ

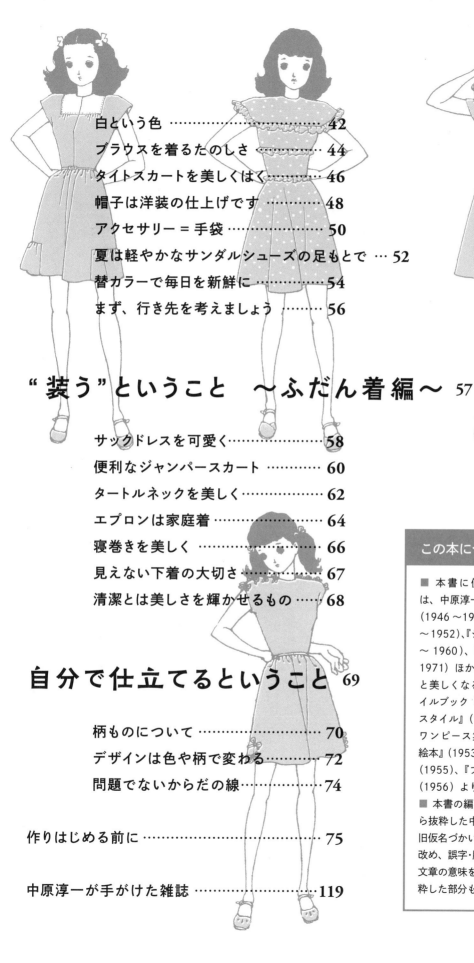

"装う"ということ　～ふだん着編～ 57

自分で仕立てるということ 69

この本について

■ 本書に使われている絵と文章は、中原淳一創刊の雑誌『それいゆ』（1946 ～ 1960）、『ひまわり』（1947 ～ 1952）、『ジュニアそれいゆ』（1954 ～ 1960）、『女の部屋』（1970 ～ 1971）ほか、単行本『あなたがもっと美しくなるために』（1958）、スタイルブック『ジュニアスタイル・590スタイル』（1953）、『590スタイル・ワンピース集』（1953）、『きものの絵本』（1953）、『中原淳一ブラウス集』（1955）、『ブラウス・590スタイル』（1956）より抜粋、再編集しました。

■ 本書の編集にあたり、原本の中から抜粋した中原淳一の文章は、旧字・旧仮名づかいを新字・新仮名づかいに改め、誤字・脱字を訂正いたしました。文章の意味を変えないように、一部抜粋した部分もございます。

「それいゆぱたーん」
「それいゆジュニア
ぱたーん」
復刻 10 作品

→ 10 ページ 2

→ 12 ページ 3

→ 14 ページ 4

本書では、雑誌『それいゆ』、
『ジュニアそれいゆ』の人気連載
「それいゆぱたーん」および
「それいゆジュニアぱたーん」に
掲載のデザイン画と製図を参考に
再現し、現代人の体型に合うように
パターンを起こし直し、
あらたな命を吹き込みました。

→ 18 ページ
6

→ 22 ページ
8

→ 16 ページ
5

→ 20 ページ
7

今年もまた夏が来ました。
強烈な太陽さえもあなたをたたえているように、
海にも街にも山にも、
溌剌としたあなたの美しさが
ひとびとの心を魅きつけます。

【作り方】
a —— ジャケット、ネクタイ　84ページ
b —— ジャンパースカート　76ページ

『ジュニアそれいゆ』No.10　1956年7月
「それいゆジュニアぱたーん」より

目の詰まった綿麻のジャンパースカートとジャケットのアンサンブル。ネクタイにはとろみのある綿サテンを使用しています。程よい光沢感でノーブルな印象を与える装いに。

a

b

【作り方】
a —— ジャケット　80ページ
b —— ジャンパースカート　76ページ
c —— ブラウス　88ページ

『それいゆ』No.40　1956年8月
「それいゆぱたーん」より

c

b

アンサンブルも小物も白でそろ
えたすがすがしい装い。しわ
加工を施した張りのあるツイル
を使用。ジャケットの衿の下に
はブラウスのボータイを通す穴
がついています。

3

【作り方】91ページ

『ジュニアそれいゆ』
No.10 1956年7月
「それいゆジュニアぱたーん」より

洗いをかけた柔らかな麻で仕立てた水玉のドレス。胸もとにリボンを配することでスマートな印象に。ボタンはドレスの色と同じにすることを中原淳一はすすめています。

13

a

浅めの衿あきと、ウエストのタックをボタンでとめた立体的なシルエットが印象的なジャケット。タイトスカートのヒップラインが響かないよう厚手のカツラギを使用しました。

【作り方】
a — ジャケット　96ページ
b — ジャンパースカート　100ページ
c — ブラウス　88ページ

『それいゆ』No.38　1956年4月
「それいゆぱたーん」より

c

b

【作り方】102ページ

『それいゆ』
No.50　1958年4月
「それいゆぱたーん」より

夏のふだん着にぴったりのサックドレスは、身頃とベルトの柄づかいがたのしいストライプを生かしたデザイン。肩はぎや脇の柄合せにも気を配って布を裁ちましょう。

6

【作り方】106 ページ

『それいゆ』
No.50　1958 年 4 月
「それいゆぱたーん」より

ヨークの切替えとリボンが目
を引くサックドレスには、さら
りと涼しいダンガリーを使用。
背中のタックや脇のまち、裾の
スリットなど動きやすい工夫が
施されています。

丸衿のティアードドレスは、いつの時代も少女の憧れ。黄色い小花の刺繍布がドレスの可憐さを際立たせます。スカートの切替えには同色のグログランリボンを配しました。

【作り方】110 ページ

《ジュニアそれいゆ》
No.10　1956 年 7 月
「それいゆジュニアぱたーん」より

21

プリンセスラインのジャンパースカート。秋らしい装いのスタイル画に合わせ、細畝のコーデュロイを使用しました。胸もとを広くとった大人も着やすいデザインです。

【作り方】114 ページ

『ジュニアそれいゆ』
No.18 1956年 11月
「それいゆジュニアぱたーん」より

9

中原淳一が折にふれて提案している つけ衿のおしゃれ。スタンダードな角衿は、ふっくらとした小花の白糸刺繍の布で、よそいきのための一枚に仕立てました。

【作り方】 116ページ

10

【作り方】 117ページ

フリルをつけた丸衿に大きなリボンをつけました。フリルには布の耳を使うことで、端の処理の工程を省いています。リボンはブローチピンで取り外しが可能です。

COLLAR を作りましょう

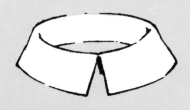

この衿は誰にでも似合って、あきない優しい感じの衿です。

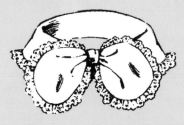

あなたの一番好きな服にいかがでしょう。ギャザーはレースでも共布でも美しいと思います。

1

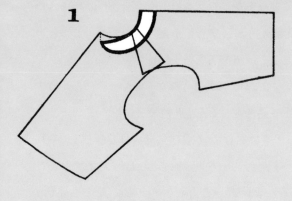

24ページのつけ衿2点は、付録の実物大パターンを使用した作り方を116、117ページに掲載していますが、ここでは『ひまわり』に掲載されたつけ衿の作り方のイラスト解説をご紹介します。当時の解説では、手持ちの服の衿回りでパターンをとり（**1**）、布を裁ち（**2**）、3枚重ねて（**3**）、裏衿をずらしてしつけをかけ（**4**）、ミシンをかけたのちに芯地を縫い目の際で切り落とし（**5**）、バイアス布でくるむ（**6**）というおおまかな手順が記されています。

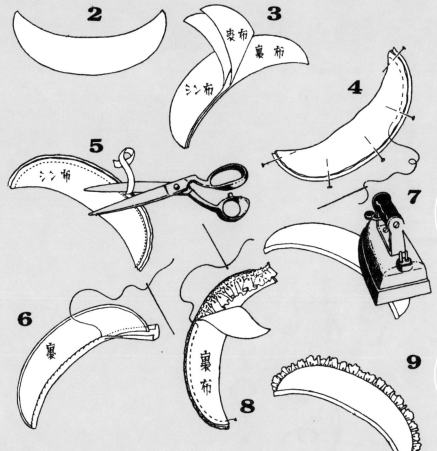

2

3　裏布　表布　シン布

4

5　シン布

6　裏

7

アイロンをかけて形を整えるが、衿は必ず、いつの場合にもアイロンがかかったものを使用してほしいと思う

8　裏布

9

周囲にギャザーのある衿はアイロンでギャザーの山を潰さないように注意

「おしゃれなひと」とは、どんなひとでしょう？

それは美しくありたいと思う心が、ことさらに強いひとのことです。

それでは、おしゃれなひとというのは、皆んなが皆んなひとの心を魅くような、美しくなれる効果を知っているのでしょうか。

いいえ、美しくありたいといっていくらお金をかけても、チグハグなものを身につけていたのでは苦心して飾ったことばかりが目立ってかえっておかしいし、上手に扱ってこそ、本当に効果をあげることが出来るというものです。

上手におしゃれをするひとは、どんなにお金がかけられなくても、それなりの中で他人の心をハッと魅くような効果が見せられるかもしれません。

どんなにお金がかけられなくても、上手に美しい効果を見せられるひとは、やはり天才かもしれません。しかし、天才が努力しないよりも、むしろ天才でないひとが、どうしたら本当に美しくなれるかを研究する方が、かえって天才を凌ぐことも多いのです。

ところで、あなたは「おしゃれ」の天才でしょうか、それとも、どうしたら素晴らしいセンスを身につけられるかと努力するタイプでしょうか、そのどちらにしても、あなたが上手におしゃれをして、ひとの心をたのしくさせるようなひとになって欲しいと思います。

本当に
おしゃれな
ひととは？

いつでも美しくありたい。より美しくなりたいという願い
は誰もがいだいているものでしょう。そして美しさはいつ
の時代でも価値のあるものなのです。美しくなるための努
力──それはなんと素晴らしいことでしょう。健康で、若々
しく、新鮮な美しさを求める──あなたのすべてを美しく
するための努力は、あなたを幸福にする一つの道です。

「美しくなる」ということは

「美しくなる」ということは、他のひと達をアッといわせるような美しさを見せびらかすことではありません。また、決してゼイタクなことをするというのでもありません。着飾ったりお化粧したりすることは忘れていても、みだしなみだけはいつも心がけて欲しいものです。みだしなみの本当の意味は、自分の醜い所を補って、自分の姿がいつも他のひとびとに快く感じられるように、他のひとがあなたを見る時に、明るくなごやかな気持ちになるためのものだということを忘れないで下さい。

もし、ひとびとが皆、みだしなみを忘れてしまったら、私たちは美しい気持ち良い姿というものに、全然触れないで過ごさなければならなくなってしまいます。反対に、もし、ひとびと全部が、本当の意味のみだしなみをよく知ってそれを心がけたら、私たちは会うひと毎に、明るい快い気持ちを一層強く持つことでしょう。自分に一番よく似合う、自分が一番美しく見えるドレスを着ること、美しい色調を工夫すること、それはあなたのみだしなみに大切なことはいうまでもないことです。

日本中のひとが、昨日より今日の方が少しでも美しくなったとしたら、日本中は昨日より今日の方が美しい国になるのです。今日よりはまた明日がもっと美しくなったとしたら、日本中はまたずっと素晴らしい、美しい国になっているわけです。

日本中の女性――といっても、それは、実はあなたがた一人一人が、自分をもっと美しくしようと考えて、ほんの少しでも努力して心がけてゆけば、結局はそれが日本中を美しくする……ということになるわけです。

自分に自信を持ちましょう

本当の美しいひととなるためには「自信」を持つことが何よりも大切なことです。何か「ひけめ」を持っているひとは、どんなにその他の点では美しくても、本当の美しさは感じさせないものです。自分で何一つとして、「ひけめ」を持たないひとは、本当の美しさを知らず知らずの中ににじみ出して来るのです。自分自身、何も「ひけめ」を持たないようになることを、うんと育てて行きたいものです。といって、自分がそれにふさわしくないのに自信を持つのは困りものですし、またふさわしいとしても自信をふりかざしているのは厭味であることを忘れずに。

いつもたのしい心であれば、
生き生きとして明るい美しさに
あふれるばかりではなく、
自信が持てるということは、
その態度にも
いじけたところがなくて、
結局そのひとは
「美しいな」と
ひとの心に残るものなのです。

自分のからだを研究する

スタイルブックの絵を見て、あんなに美しく描かれてあっても私たちが作ってみると、とてもそんなには美しくなれないだろう、なぜスタイルブックの絵は、実際の人間の寸法の比例で描かないのだろう——という不満の声はよく耳にすることです。しかし絵にくらべなければ、その美しさはやはり充分に感じるもので、自分のからだが太っているからだとか、自分の顔は絵のように美しくないからというようなことは、まったく必要のない意味のない不満でしょう。

そのデザインそのものが美しく、また、それに良い仕立てを加えられていれば、その美しさは、充分発揮されるものだと思っていいのです。一番いい形は肩幅がある程度の広さを持ち、胸はふっくらとしてウエストがきちんとしまっていること、適当に張った腰を持っていること等を条件としてそなえている形で、もしそれに外れている場合には、自分の欠点をはっきり知り、最高の条件をそなえた美しい形に見えるよう、欠点を補うことの出来るような服を選ぶことが、一番大切なことになります。

結局スタイルブックというものは、その時の流行のシルエットを見、そして、そのデザインが一番良い条件において、美しく表現されている結果を見るものだから、作る方が知らねばならないことは、自分にどんなものが似合うかということだけでいいのです。もし形の悪いひとのために描かれたデザインであっても、ひとは一人一人違った形に出来ているのだから、それらが皆同じように美しくなるということはあり得ないのだから。

chasing stole to
Later, wear it o
look wonderful
neutral heather
rayon and aceta
Burlington fabr

美しく
歩きましょう

あなたは、あなたらしい美しい歩き方をしていますか？
街を歩いていて、お店のショーウィンドウのガラスや
どこかの鏡にふと自分の姿がうつることがあります。
そんな時に、あなたは自分がどんな歩き方をしているか、
ちょっと注意して見て下さい。
そして、もし気になるところがあったなら、
それをどうすれば美しい歩き方になるか、考えてみましょう。
それをくり返しているうちに、
いつの間にかあなたは
美しい歩き方を身につけることが出来るのです。

自分の悪い癖を直すのはなかなか
出来ないことですが、
その中で歩き方を直すのは
一番簡単なのだそうです。
美しい歩き方の習慣をつけて下さい。

"装う"ということ

～よそいき編～

いつの場合も季節に先がけた装いをすること、
それがあなたを美しく見せるコツの一つです。
たとえば春先などに、皆んながまだ冬の名残りのウールのものなど
を着ている時、朝夕の通勤にはまあウールのスプリングコートも仕
方はないとしても、その下に着るドレスはその日の気分で地厚な木
綿のものなど、いち早く着てみることを考えてみて下さい。
今までずっとウールばかり着ていたのが、新しい季節とともに色も
あざやかなインディアンヘッドやタッサーブロードなど、またプリ
ント模様のスカートなどで街を歩いたら、あなた自身も軽やかなそ
の感触がたのしいし、それを見ているまわりのひとも新しい季節の
来たよろこびをあなたの着ているものに感じることでしょう。

あんなに空が青くて、

あんなに美しく花が咲いて、

鳥がないて、黄色い蝶が舞っているのに、

もしあなたが、自分の着ているものにあきあきしていたら、

どんなに悲しいでしょう。

あなたの人生で、一番美しくて、

一番たのしい日々をむかえているのに、

あなたの着ているものがつかれきっていたら、本当に悲しいことです。

たとえ新調は出来なくても、美しい春の日には、春の心で着たいもの。

春の装い

この美しい春には、他のどの季節よりも明るい綺麗な色が一番素敵です。淡いピンクやブルー、レモンのような黄色や、若葉のようなグリーン——こんな明るい美しい色を大いにたのしく着たいもの。といっても、「それでは黒や紺やこげ茶は着てはいけないのかしら?」とすぐ考えてしまわないで下さい。決してそんな色を着てはいけないというのではないのです。けれどもしあなたが全部こげ茶色のドレスを着て、靴もこげ茶、バッグが黒というような装いをしたら、それは春にふさわしい色とはいえません。もしこげ茶色のドレスを着るのなら、カラーを真っ白にして白い靴をはき、白い手袋をしてみましょう。また黒や紺のドレスにピンクの靴、ピンクのバッグとか、白い衿にして淡いブルーの靴をはくとかすれば、あなたは春の雰囲気の中に美しく溶け込んだ姿となるでしょう。

夏

黄金色のひまわりが、たかく青い空に模様を描いて、白い雲がうかぶ夏。
街のショーウィンドウは皆原色にぬりつぶされて、
赤い陽よけが目にしみる。
砂浜は色とりどりのパラソルの花をさかせて、若い笑い声が天までとどく。
焼けつくような舗道だけれど、道ゆくひとの白い靴が、
ゆらゆらと蝶のように軽やかに……撒水車がひとときの涼をそえる。
"暑い暑い"といってみてもどうにもならない不平をいう前に、
夏だけにあるたのしさをいっぱい見つけましょう。

夏の装い

夏がまたやって来ました。夏がどんなに暑くても、ちょっと、手軽に自分のドレスが出来るのはやはり夏です。そこにも暑さにかわるよろこびがあるのではないでしょうか。

夏は一番たのしいドレスの着られる季節です。

他の季節では着られないような、明るくて、可愛らしい、太陽の光を思い切りたのしんで着るような、素敵なドレスを着て下さい。

秋になりました。なんと心良い陽ざしでしょう。

一年中で一番美しい空、明るい空の季節です。

木の葉のひとひらひとひらが、七色に染め分けられて、

それが風にふきあげられては空に散り、舞い上がり、

青い空に模様を描く美しい季節。

一年中で一番静かで一年中で一番平和で、しあわせな季節。

それが秋です。

スカートやジャンパースカートで、うんとたのしく、可愛らしく、

そして美しくなることを考えてみましょう。

それから、タイトスカートも上手に可愛く着こなせるように考えてみましょう。

秋の装い

茶色は秋の色。茶色の服を見ると急に秋の来たことを知るような気持ちに。

ピンクや若草色のように春を象徴するような色でさえも茶色と組み合わせてみると、急に秋めいた印象になって一緒に茶色の中に溶け込んでしまう。

茶色に組み合わせたくない色は、水色、紺などで、組み合わせる色は何色にしても青味を帯びていなくて、茶味を帯びていることが条件。

冬

一年中で一番寒い季節だけれど、もうすぐ、そこに春が待っている。
ずっしりと肩にかかるオーバーの重さが快く身に感じた、
初めてオーバーを着た秋の終わりが、
ついこの間のように思われたのに、
その新鮮な快さもだんだん薄れてオーバーを脱ぐ春の日が待たれる。
さあ！ 春の仕度をしましょう。
そしてその春の仕度は、もうこの頃から心がけておきたいものです。

冬の装い

これから寒い冬にかけて、毛糸のものと組み合わせるということは、重ね着をしているということになるわけですから温かい着方といえましょう。それはジャンパースカートとは限らないで、ワンピースにしても胸を大きくあけて、その中から毛糸のハイネックをのぞかせたりするのです。

すっきりとしていて、それでいて温かそうで、いいものです。

寒い冬にはよくそんな風に毛糸のものと重ね着をするものですが、ただ重ね着をするだけではブクブクと太って見えてしまいます。袖や衿からわざとその毛糸をのぞかせてみるとそれが防寒の役目とおしゃれの役目と両方に役立つということになるのですから、一つ試みてみませんか。

白という色

白は一年中、いつ着ても美しい色。
他の色はやっぱり、
ある季節には美しく見えても、
他の季節には
まったく逆の効果になってしまうものです。
それは、ほとんどの色がそうであって、
四季を通じて美しく着られるのは
白だけといってもいいでしょう。
それは、日本の夏が大変むし暑いために、
自然にさわやかな「白」という色を
好んだのだと思います。
しかし、白は冬でも、春でも、秋でも、
一年中、美しく見える色です。
白を夏の色ときめないで、
一年中着られる色だといっても、
春には白い花を見るように、
優雅に着て下さい。
冬に着る白は、ふんわりとした
地厚の布地でたっぷりと着ないと、
みすぼらしく見えるので、気をつけましょう。
夏の白は、なるたけシンプルに、
しかし、白で形の悪いシンプルでは、
下着一枚でいるように見えるかもしれないし、
安っぽい布地もいけません。

白というアクセサリー

白靴

白靴を必ず一つ持って下さい。夏だけでなく春から初秋まで長い間、白靴の軽快なすがすがしさをたのしむことが出来ます。春先等にちょっと早目かと思われる頃にはく白靴は、足どりまで軽くさせます。夏はもちろんどんなおでかけにも白靴を。どんな素晴らしいドレスでも、白靴でなければ決してスマートな美しさを感じさせませんから。第一どんな色のドレスにも合いますし、手袋、ハンドバッグ、またその他アクセサリーとの色の調和からいっても白が一番無難です。真っ赤なドレスに白い靴、白い手袋、白いハンドバッグも素敵ですし、黒でも黄色でもピンクでも、またブルーそしてもちろん白にも何にでも合うのです。

バッグ・靴・手袋

もしドレスのデザインによって白があしらえない時には、バッグ、靴、手袋などアクセサリーを必ず白でそろえましょう。そうすればドレスはピンク一色でも、あなた全体を見る時に、バッグや靴の白がすがすがしい印象で、ピンクのドレスを美しくひき立たせます。どんなに美しいピンクのドレスでも、赤いバッグに黒い靴では決して美しい夏の装いとはいえないし、またピンクのドレスに靴やバッグ、手袋もピンクにそろえれば、全体に一色で統一して素晴らしいように見えるようですが、やはり夏はどこかに白を使ってある方が涼しそうですっきりと美しいものです。

白い衿

白い衿のついた夏のドレスはすがすがしい印象でいいものです。
ドレスの色が濃ければ濃いほど、その白い衿がくっきりとその効果を見せるのもいうまでもありません。
それはプリント模様の場合も同じことがいえるのですが、プリントの場合は、その模様がどんなに濃い色が使われていても、地色が白である場合には、その衿はまったく意味がなくて、かえって薄汚れて見えたりするものです。
その逆に、こげ茶とか紺とか黒とかの濃い色の地に、やはり濃い色で模様のあるものなど、夏のものとしてはいかにも暑くるしく見えるような布地でも、思い切り大きな白い衿をつけてみると、まったく見違えてしまうほどにすがすがしい夏のドレスになるものです。

ブラウスを着るたのしさ

一枚のスカートに、幾枚かのブラウスを取り替えて変化をつけることなどは、今さらいうほどのことではありません。けれど、上半身の変化で、その時々の気分や雰囲気に合ったものが着られるのは、やはりたのしいものです。

そういう意味で、ブラウスを作る時、どんな形を選ぼうかというより、一枚一枚のデザインの性格を知って作っていくことです。一日のいろいろな時の雰囲気に合わせて、たとえば洗濯、掃除、買い物、または一日のうちで最もたのしい夕食の時とか、それぞれをブラウスだけでもいいから使い分けてみて下さい。家庭の奥さんが、かいがいしい姿で御主人の朝の出勤を送り、夕方は薄化粧して和やかな華やかさを持つブラウスでお出迎えするなど、考えてもたのしいではありませんか。

ブラウスは、着古したワンピースや、ちょっとした余り布からでも出来そうです。不精しないで、手まめに作って、手まめに着替えましょう。美しいひとは、不精をする生活の中からは生まれてはこないものです。

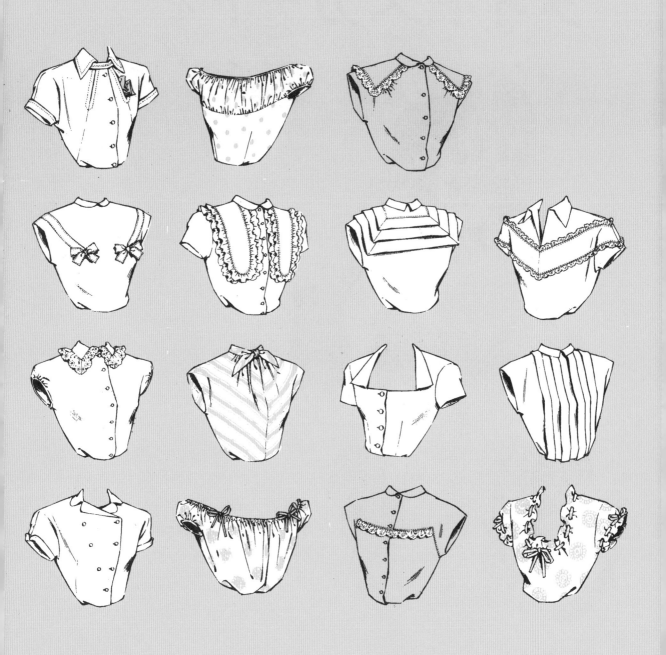

どんなブラウスにでも合うという、たとえば黒のスカート
が一枚あったら、それに合わせてブラウスは十種類でも
二十種類でも持っていて、次々に変えてゆけば、ちょうど
二十日間新鮮な心で朝の身仕度が出来るでしょう。
ドレッシーなもの、スポーティーなもの、木綿のもの、絹
のもの、そして白いもの、赤いもの、そしてピンクや緑、
どのブラウスも黒いたった一枚のスカートに調和して、ど
んなところへも出られるわけです。

タイトスカートを美しくはく

タイトスカートを美しくはいている
ひとは少ないもの。
タイトスカートの美しさというもの
は、ウエストからヒップまでがから
だにぴったりとついて、そのヒップ
を軽く巻いた布が真っ直ぐに裾ま
で下りているのでなければなりま
せん。
ウエストのベルトのあたりに妙な
たるみや無理なしわのあるもの
や、ヒップから下がすっきりとした
線を描かないで、まるで袋に物を
入れたようにゆるくてだぶだぶし
たものや、自分のヒップの位置よ
りスカートのヒップの位置が下が
り過ぎたり上がっていたりするの
も無恰好です。

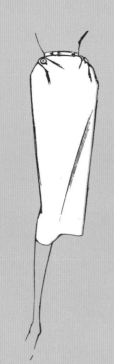

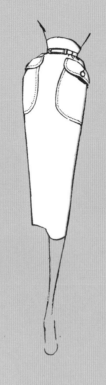

全体にぴったりとしたスカートの上端に、丸い切替えをおき、そこに、セーターと同じ毛糸のふさをはさむ。

ヒップのダーツを移動して両脇に向けて布を折りたたみ、折りたたまれたその布が伸びてボタンどめになっている。

ヒップに思い切って大きなポケットをはりつけたスポーティーなもの。ただしこのポケットにものは入れないこと。

細くハイウエストになったダーツに前スカートの上端を寄せてはめ込み、後ろの布がそこまで続いている。

上端に丸い小さなポケットのふたを三つあしらって、そこに寄せられたギャザーがヒップの柔らかいふくらみを作る。

両脇においたポケットのふたはただのふただけ。スカートの脇縫いはあっても良く、ぐるっと後ろへ続いていても良い。

ウエストのダーツをスカートのダーツに続け、そこを利用してボタンホールのようなアクセントをおいたもの。

思い切ってシンプルなタイトスカート。上端に横に長くポケットのふたをおく。これもいうまでもなく、ただふただけ。

帽子は洋装の 仕上げです

帽子をちょっとかぶってみて下さい。今まで見なれたドレスも、急に生き生きとした印象をおびてくるのにきっと気づくことでしょう。

帽子は洋装の仕上げのようなものなのです。帽子を何か特殊なもののように思うのは、羽根やベールのついた帽子を考えるからではないでしょうか。そんな意味で、大げさでなく、値段も負担にならず、「これ位の帽子なら」と思われるのが、デパートの売り場にあるはずです。

帽子は何のためにかぶるのでしょうか？
レインハットや大きなつばの麦藁帽子は、雨や強い陽ざしを避けるためにかぶるのですから、実用的ともいえます。けれど帽子はそんなためばかりでなく、ブローチやネックレスと同じようにアクセサリーとしてかぶることもあります。その場合には装いを一層ひき立てる役もしているのでしょうね。
もちろん実用的な場合も、その帽子があなたの着るものとの調和が悪くては困ります。帽子をかぶる時には、いつもその時の服装との調和をまず考えましょう。造花などを飾った華やかな帽子は、シャツブラウスには絶対におかしいことをよく知って下さい。

アクセサリー＝手袋

夏といわず冬といわず、手袋がアクセサリーとしての大切な役割を持っているのはいうまでもないけれど、その手袋とドレスとが美しい調和で、あなたをもっと美しくパッとひき立てるのでなければ、アクセサリーとしての効果もはたしているとはいえません。

夏の間は白い手袋が軽やかだし、どのドレスにも調和して良かったけれども、冬にかけてはドレスの色もだんだんと濃くなるので、その手袋の色の選び方を間違えたら、せっかく素敵なドレスを着ていても、手袋一つで泥臭い印象になってしまっておかしな装いになってしまいます。

手袋の色をドレスの色にそろえなければいけないというのではないけれど、バッグの色とか、スカーフの色、またはスカーフの模様の中の一色、それから靴の色とか、とにかく、その手袋だけが別の色でないように。いろいろな色をそろえて四種位持っていればしめたもので、どんなドレスにもオーバーコートにもうまく合ってゆくものです。しかし、一つか二つしか持たない場合はオーバーコートの色に合わせるようにしましょう。

あなたが洋服を着て、一番美しい効果を見せるそのカギは、ドレスを中心に、帽子、スカーフ、バッグ、靴、それに手袋と、それらの皆が一つになって調和した場合に初めて「美しい」と感じられるのですから。

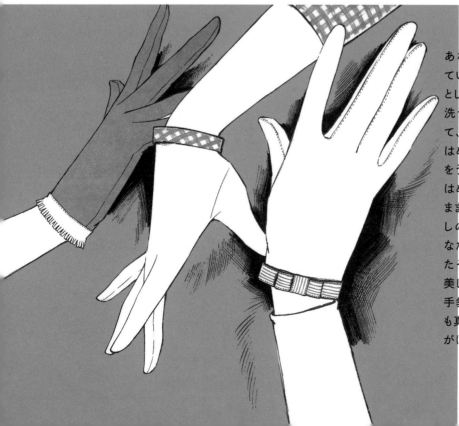

手袋は寒いからはめるのだと、考えているひとはいないでしょうか? いつの季節にも、手袋は忘れないで欲しいものです。手袋をすることで、手の汚れも随分違うものですし、同じドレスを着ていても、手袋をしているのと、していないのとでは、ぐんと感じが変わって、している方がきちんと見えるものです。

おでかけの時には手袋を忘れないようにしましょう。手袋をすることで、あなたの装い全体が、きちんとした感じでずっと素晴らしくなってくるのです。形は飾りの少ないプレーンなものにしましょう。お花が刺繍してあるものなどは可愛い場合もありますが、どのドレスにも合うというわけにはいきませんから避けた方がいいでしょう。ナイロンなどのすきとおったものは、はめると真っ白に見えませんから、かえって美しさを感じさせません。白い木綿かレースがいいでしょう。

あなたは白い手袋をいくつ持っていますか? もし一つだけだったとしたら、外出から帰ったら手を洗うのと一緒に、必ず手袋を洗って、いつも清潔で真っ白なものをはめているようにしましょう。それをうっかり忘れて「昨日はちょっとはめただけだからいいわ」とそのままはめて出かけたりすると、少しの汚れがとても気になってあなたもたのしくないでしょうし、またそんなあなたは他のひとにも美しくは見えないものです。白い手袋は最低二つは持って、いつも真っ白なものをつけるように心がけましょう。

夏は軽やかな サンダルシューズの 足もとで

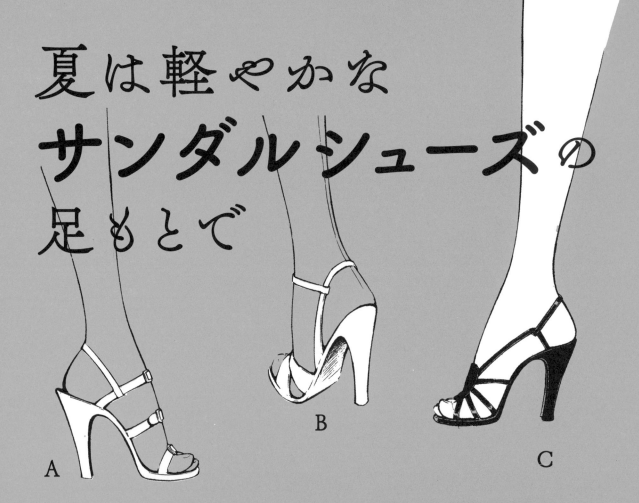

大き過ぎたサンダルは、どんなに良い
デザインのものでも「A」のような結
果になります。自分では爪先の方を見
ていて気にならないのかもしれない
けれど横や後ろから見ると滑稽。また
靴の方が小さ過ぎてこの絵の「E」の
ようになるのも同じく滑稽なことです。

やはりサンダルは「B」や「C」のよ
うに、横から見た時に足からかかとに
続いてすっぽりと一本の線を描いた
ようになっていなければいけません。
それでこそサンダルをはいた美しさと
いうものがあるでしょう。

サンダルというものは、いうまでもなく足があらわに見えるもの。たとえナイロンの靴下を
はいてみたところで素足と同じようによく見えます。まして本当の素足の場合は夏場の汗
と埃ですぐ足が汚くなるから、気をつけていつも足は清潔に洗っていたいし爪も綺麗に
つんでおきたいもの。顔をコンパクトで何度も直すなら足も汚れていないかと時々気を
つけてみる位の注意が欲しいものです。
　また、このサンダルというのは、普通の靴なら少し位自分の足より大きなものでも爪先に

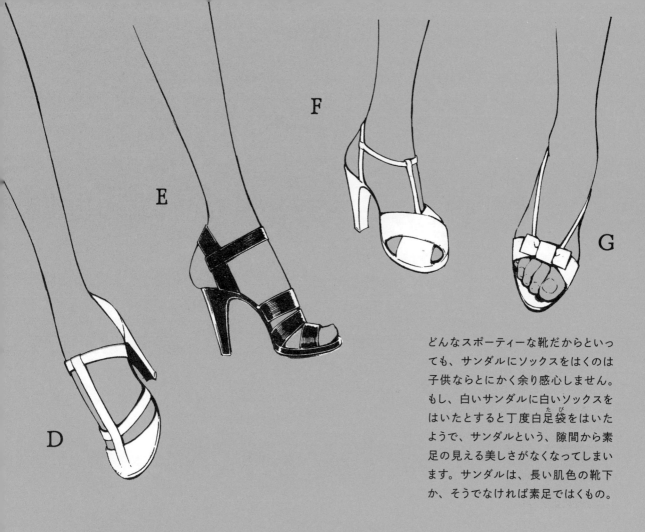

どんなスポーティーな靴だからといっても、サンダルにソックスをはくのは子供ならとにかく余り感心しません。もし、白いサンダルに白いソックスをはいたとすると丁度白足袋(たび)をはいたようで、サンダルという、隙間から素足の見える美しさがなくなってしまいます。サンダルは、長い肌色の靴下か、そうでなければ素足ではくもの。

そしてまた、靴の爪先の形も、自分の爪先の形と余り違い過ぎているのはおかしいもの。靴の方が細く尖っているのに平らな指の足だと「G」のように足が足りなくなっておかしいし、逆にまな板の上に足をのせたように、尖った足で平らな靴をはくのもおかしい。それではせっかくの良いデザインも台無しになるから、足の形とそろうような靴を買いたいもの。

また、自分の足の形が特殊でどうしても自分に合った靴がない、というのなら「D」とか「F」のように、余り爪先の見えないものとか爪先だけすっぽりと隠してしまったようなものを選んだ方が良いのではないでしょうか。

綿か何かを詰めれば大して目立たずにはけるものですが、サンダルの場合はそうはいきません。またその逆に、普通の靴が小さ過ぎた場合は足が入らないので、どんなに気に入っても諦める他はないですが、サンダルならば入ってしまいます。そこで気に入った靴があると、少し位大き過ぎたり小さ過ぎたり等しても、はいてはいけないことはないのでつい迷ってしまうものです。このサンダルこそ、自分の足にぴったり合っていないものはゆめゆめ買うものではありません。

替カラーで
毎日を新鮮に

同じドレスでも、共布のカラーをつけてあるのと、白いカラーをつけたのでは、その印象がぐっと違うものです。

たとえば、黒いドレスにその衿も同じ黒をつけたという場合と、同じ黒いドレスでも衿もとにくっきりと純白のカラーがあるのとでは、まるで別の服のようにさえ見えます。

どちらを選ぶのも、それはあなたの好みによって自由ですが、若々しい感じは白いカラーの方にあるようですし、色の黒いひとなら、その顔と服との間をくっきりと白いカラーで仕切った方がぐっと顔がひき立って見えるものです。

ところで、たいていの場合に、その白いカラーをちゃんとドレスにミシンで縫いつけてあるようですが、あれでは衿が汚れた場合にはドレス全体を洗わなければならないことになりましょう。

衿は一日か二日で汚れてしまうものですから、別に作って取りつけるようにして、汚れたらすぐに洗って、取り替えるようにしたいものです。

その場合、スナップどめなどにするのは、衿もとが厚ぼったくなってすっきり見えず、みっともないものですから、簡単にでも糸で縫いつける方がいいのです。そして洗ったら必ずアイロンを綺麗にかけて、あなたの美しさが衿もとからにおうように――。

黒や紺など目立たない色の布地で、衿
なしのワンピースを作って、替カラーを
たくさん作っておくと、毎日を新鮮な気
持ちで迎えることが出来てたのしいも
のです。替カラーは同じ白の布地でも、
スポーティーなものと、フリルなどを飾っ
たドレッシーなものという風にいろいろ
感じを変えて作ったり、また赤、黄、ブ
ルーなどいろいろな色や、チェック、縞
などで作って出来るだけたくさん作って
おきましょう。

そして白いスポーティーな感じの衿をつけて白いロー
ヒール、白い短い手袋をすれば通学や通勤にふさわ
しいキリッとした感じになりますし、白いドレッシーな
衿に白いパンプスなら、同じ白でも感じが変わって
ぐっとよそいきになります。

また赤いカラーに赤いバッグ、黄
色いカラーに靴も黄色という風
にすれば、全然新鮮な感じをそ
の時その時に持つことが出来ま
しょう。
会社の帰りにおよばれに出かけ
るなどという時、朝はスポーティ
ーな衿をつけて職場にふさわし
い装いで出かけ、ドレッシーな衿
を持って行って会社が退けてか
らつけ替えて、およばれにふさわ
しいものにしましょう。

まず、行き先を
考えましょう

外出する時に、さあ何を着ていこうかな、と考える
なら、まずこれから行く先のことを考えてみること
です。

あなたが一番美しく見えるのは、あなたのいる場所
と、あなたの着ているものとがぴったりと一つの雰
囲気に溶け込んでしまった場合にあるのです。

つまり、結婚披露のご招待にはずっと華やかな方
がいいのだが、英会話のお稽古や図書館などに行
く時にはきちんとした美しさが一番素晴らしく見え
るものです。

歌舞伎を観るのは和服でも、ジャズをきく時には、
たとえどんなに美しい和服でもピンときません。

靴みがきにはジーパンがいいし、台所では白いエ
プロン姿が美しい印象を残します。

皆んなが胸に造花でも飾っていきたいと思ってい
るような音楽会に行くのに、ついこのあいだ作った
ばかりのスラックスがはきたくて、それにセーター
などで出かけてみると、カクテルドレスを着たひと
などもまじえて、会場いっぱいに華やかなふんいき
があふれています。

そんな時に、たとえあなたがそのスタイルに自信が
あって平気でも、はた目にはやはりちぐはぐな感じ
で決して美しいとは思えないのです。

"装う"ということ
～ふだん着編～

いつでも、ハッとふりむくような素敵なドレスを着ていて、ベストドレッサーだと自他共にゆるしているようなひとが、家に帰ると見るかげもないようなだらしのないものを着ていた、などというのは幻滅のいたりです。

出来ることなら外でも家の中でも、同じように美しくあるために、たのしくて可愛らしい家庭着を一番安く作れるように考えてみましょう。

家の中でも美しくすることこそあなたのおしゃれのポイント。

外出から帰ったら、必ず家庭のふだん着に着替えましょう。ふだん着はよそいきの古くなったものを……等と考えているひとはいないでしょうね。

ふだん着はふだん着としてのたのしさを持つようにしたいもの。

サックドレスを可愛く

「サックドレス」を皆さんは御存知ですか？　ウエストを全然しぼらないで、胸からスカートの裾までがズドンと一直線になっているドレス、といえば、「ああ、知ってる、この頃スタイルブックに出てるわ」と気づくひとも多いでしょう。

「サックドレス」はとても気に入っているのに、「私には似合わないのではないかしら？」と思っているひとがもしいるとしたら、似合うとか似合わないとかいうことは考えないでいいのです。普通のウエストのきちんとしたドレスが似合うひとなのだったら、この「サックドレス」もきっと似合うにきまっているのです。

「サックドレス」は普通の木綿の洋服生地で、ドレス丈の二倍の長さがあれば充分です。これが冬物だったら布地代も相当かかりますが、夏のものだったら気楽に作れますね。

「サックドレス」を作る時には、ドレス丈に注意して下さい。スカートがちょっと長めだなと思う位でも、ウエストのしまっていないこのドレスはうんとだらしなく見えてしまいます。スカート丈はくれぐれも短めにすることを忘れずに。

便利な
ジャンパースカート

早春から初夏までの季節の若いひと達にはジャンパースカートをおすすめします。冬の
ドレスから完全な夏服になるまでの間は、毎日毎日その日によって温度が違い、一日一
日暖かさが増して来ます。それで春のワンピースを作っても、あまり着ない中に暖かく
なってしまって、すぐ着られなくなってしまいます。

ジャンパースカートだったら下に着るものによって、同じ毛糸のセーターでも長袖のも
の、半袖のもの、また木綿のブラウスというように、その日その日の気候によって便利に
幅広く着ることが出来ます。

それにジャンパースカートは普通のワンピースよりも布地が少なくてすみ、ワンピース一

着を作る布があったら、ジャンパースカートとボレロが作れて、この組み合わせは一着
のワンピースよりもずっと効果的に着られるものです。また、ジャンパースカートとジャ
ケットを同じ布地で作っておけば、その組み合わせはワンピースとしても、ツーピースと
しても、いろいろたのしく着ることが出来ます。

それからジャンパースカートは古くなったワンピースを作り直して作ることも出来るので
す。もとのワンピースの型によっては、ただその袖をとって胸をあけただけでもいいので
す。服装計画の中にジャンパースカートを一つ加えることによって、どんなに毎日がたの
しく過ごせることでしょう。

タートルネックを美しく

若いひとにはタートルネックのセーターはほとんど例外なく似合うし、このとっくり衿のセーターは、他のドレスの流行の変遷にもかかわらず、今日まで学生もオフィス勤めのひとびとも、家にいるひとにも誰にも親しまれてきました。

だから、夏をのぞいた春秋冬と、このセーターはひとも選ばず、誰からも愛されて来たのですが、さてどんな着方をすれば良いのでしょうか。

タートルネックのセーターは、ぴったりと首を覆ったその衿に生命があるのですからここが伸びてしまって首にそわず、ぶかぶかしているのはまずみっともない。

頭からかぶるために伸びやすいので、気をつけて汚れないうちに手まめに洗うように、また一番目立つところなので、縫い目のほつれなども、すぐ直すようにして、いつもきちんと着て下さい。

タートルネックのセーターの着方で、衿の折り返しについて
は、外側に折り返して低くするのは野暮で、高く衿首を覆
う方がシックな着方です。

それでも衿の端の始末があまり綺麗でないような時は、先
を少し内側へ折り込みますが、縁が綺麗に始末されていれ
ば、そのまま伸ばし放しにしてもいい位です。

首は出来るだけ長く見せるように、すっぽり覆った方がしゃ
れた着方で、外へは絶対に折り返さないように。

エプロンは家庭着

もし可愛らしい素敵なエプロンを持っていたら、家庭の奥様は一日が今より少したのしい。

お勤めのお嬢さんは朝のひと時がたのしく、日曜日の仕事がぐっとはずんでくるでしょう。

もし、七枚のエプロンを持っていて、毎日その日の気分によって取り替えたら、あなたの毎日は明るくて……。

もし、その七枚のエプロンをお友達のご結婚の贈り物にしたなら、そのひとのスイートホームにしあわせが一つ増えることになるのです。

からだをすっかり包んだエプロンはドレスも傷めないだろうし冬は多少防寒の役目も果たすでしょう。垂直の衿ぐりとスカートをグルッとまわしたポケットの上端に縁とりをします。

四角な布の片隅を切って胸当てにします。ひもの位置がちょっと新鮮です。チェックの布地で作ってもまた無地やプリントもので作って周囲を別色で縁とりしてもいいでしょう。

フレアギャザーに裁った短いエプロンに、四角いポケットが思い切って下の位置についています。このポケットは共布でも良いが左右の色を変えるのもたのしい。

寝巻きを美しく

美しいひとは、誰も見ていない時にも、やはり美しくあって欲しいものだし、また私たちの生活から、なるべくひとに見せられないような「裏」はなくしたいものだとも思います。

寝巻きは誰にも見せないものです。いいかえれば誰も見るひとはいないのです。

それに、自分自身だってねむってしまうのですから、どんなものを着せられても知らないはずです。

ところが、もしあなたがとても美しいネグリジェを着て、たのしい夢をむすぶことを知ったら、もう古びたゆかたなど着てはいたくなくなると思います。

昼間はせっかく素敵なあなたが、夜ねむる時には、まったくがっかりするようなものを着ているのでは困ります。

たとえ着古したゆかたでも、ちゃんと美しい夢のようなネグリジェに仕立て替えて下さい。

それから、もしそのネグリジェの布と同じ布で作ったまくらカバー、または白いまくらカバーにそのネグリジェの布でアップリケしたものなど、まくらと寝巻きのアンサンブルなんて、それはきっと昼間のあなたまで美しい雰囲気につつんでくれることでしょう。

見えない下着の大切さ

「とても下着にお金をかけるなんて、そこまでは手が出ない」というひともいます。
本当にそうです。

あんな服も欲しい。こんなスーツも作りたい。またあんなものをそろえておかなければ困る時があるかもしれない。また冬になったら、今年はオーバーも新調しなければ……などと考えていたら、つい下着の方は後まわしになってしまうこともあるでしょう。

しかし、あなたが、お風呂から上がって、下着を全部清潔なものに取り替えた時は、さわやかな明るい気持ちで、誰かに会っても自信のある態度でいられると思うのです。

しかし、逆に上に着ているものは同じでも、とてもひとには見せられないような薄汚れた下着だったら、自分ではっきり意識しなくても、何となく気おくれがして、ひとに会った時など、つい卑屈な気持ちになってしまうのではないでしょうか。

どうせ、ひとに見せない下着のことですが、ほんのちょっとした気分で、それがそのひとの表情や態度まで何となくあらわれて、相手に与えるあなたの印象もずっとマイナスになることも心にとめておいて下さい。

それは、豊かな良い環境に育ったひとは、別に美人でなくても、何となく美しいひとのような印象を受ける、というようなことと同じだと思います。

だから下着が美しく、そして清潔であったなら、何となく豊かな自信が生まれ、真から光る美しさを作ってくれる一つの要素になるのだということは知っていなければなりません。

清潔とは
美しさを
輝かせるもの

「美しさ」ということの中で、まず第一に大切なこと——それは清潔であるということです。あなたは、衿や袖口をいつも綺麗にしていますか? 衿の薄汚れた服を「今日一日位、このままでもいいわ」——などと、汚れたものをそのまま着たりはしないでしょうか。どんなに美しいひとでも、どんなに美しい素晴らしいドレスでも、もし不潔だったとしたら、もうそれは「本当の美しさ」とはいえません。さぁ、よく気をつけて下さい。そしてこまめにしていつも清潔を心がけるように。

あなたの爪はのびていませんか? 靴は毎日磨きますか? ハンカチは毎日洗って、さっぱりとしたものを持っていますか? 外からは見えないからといって、汚れた下着を着ていたりすることはありませんか? アイロンをよくかけないで、小じわのあるブラウスを着ることはないでしょうか?——みだしなみを良くして美しくするということは、こんな小さな事柄によく注意をして、いつも清潔にしているように心がけることから、まず始めて下さい。

自分で仕立てるということ

新しく洋服を作る時には、"どんな布地にしようかしら""スカートはギャザーとフレアとどっちがいいかしら""衿はうんと広くしようかしら"といろいろ頭をひねるでしょう。
けれど頭をひねってデザインにこるよりも、ごく簡単な何でもない型でも、あなたのからだにあった、美しい仕立てをすること。そして、それを清潔に着ていることが一番大切です。

柄もの
について

　プリントの布地は、意味なくはぎ合わせてそこで模様が切れてしまっては、せっかくの美しい模様が台無しになるものです。

　大柄のプリントのものを裁つ時には、その模様が一番いい場所に出るように気をつけて裁って下さい。たとえば前身頃など、左右をおなじにそろえなければならないというわけではないけれど、その模様が脇縫いやダーツや前のうち合せの中に入ってしまって、まんぞくに模様の見えているのが一つもなくて、衿の折り返ったところと、すぐその下とが続いたように模様がかたまってしまったのでは、いい結果ではありません。

　衿の左と右が同じに出ているのもどうかと思いますが、右には大きな花の模様が出て、左には花の三分の一位に切り取られているのなどは、やはりそのドレスを美しく見せるものではありません。

　それは、そのドレスの形にもよるし、また模様にもよるので、どんなふうにすれば一番いいかは一口にはいえないけれど、布地の上に型紙を置く時に、そのことをよく考えてから裁って下さい。

夏に向けては美しいプリント
のスカートをはきましょう。プ
リントのスカートには、いうま
でもなく無地のブラウスで、
そのスカートの模様の中の
一色を選んでみるのもいい
のですが、まあ夏ならば白の
無地で、型もプレーンなあま
り目立つ飾りのないようなも
のの方がいいでしょう。

小さな花模様の中に赤い花
か黄色い花がまざっていた
ら、この帯を赤か黄にしてみ
ると、ぐんと愛らしいものに
なります。

縞や格子で洋服を作る時に
は、前あきのある場合の左
右や袖つけは、縞がそろうよ
うにしたいものです。布の裁
ち都合ばかり考えて、模様を
うっかり忘れることがありま
す。
どうしても布の足りない時は
仕方がありませんが、余裕が
あるなら必ず全部そろえま
しょう。
また、カラーなどの左右の模
様がそろっていないのは非
常に見苦しいものですから、
どうしても左右がそろわない
時は、後ろではいでも、そろ
えるようにしましょう。

デザインは色や柄で変わる

フリルとベルトは共布で、真っ白なカラーをつけます。大きめのプリント模様でこうして作れば、水玉や縞などとは違った可愛らしさが生まれますね。

全体をあなたの好きな色の無地にして、共布のフリルをつけ、真っ白なカラーをつけると、スポーティーなものとしても、ドレッシーなものとしても、広い範囲に気軽に着られるドレスになりました。

細かい水玉にしてみました。衿だけ白にしてベルトもフリルも皆共布です。水玉の可愛さがこのドレスを白の無地や縞とは違った可愛さをいっぱいあふれさせ、おでかけ等にもふさわしいもの。

同じドレスを白と他の色との大きな横縞で作った場合。この時は縞をくっきりと印象づけて裾の切替えから下は縦に縞を使い、衿、ベルト、フリルに白を上手に使ったらこんなスポーティーな感じです。

スタイルブックからドレスの型を選ぶ時、自分が紺の布地を持っていると、どうしても紺の洋服が目につきます。また、スタイルブックの中でいいスタイルが見つかると、それが赤いドレスだと、ぜひとも赤で作らなければならないような錯覚があるらしい。中にはその色のためにしたデザインもありますが、それはほとんどないといえる位少ないもの。たいていは一つの例として色をつけたので、絶対にそれでなければならないということはあまりありません。

だから一つのデザインでも色を変えるとずいぶん感じが違うし、縞とかチェックとかの扱いを変えたりするとまったく違った感じのものになります。だからスタイルブックの色とか柄にこだわっていると、ずいぶん損をしてしまいます。

友達のドレスの形が気に入った時なども、その色や柄が、それでなければならないように見えるのも間違っているわけです。

それを変えて自由な気持ちで、スタイルブックから好きなデザインを選びたいものです。

黒の無地で作った場合。夏はどこかに白を使わないと夏の美しさは感じられないので衿だけ白にしましょう。美しい黒に白がパッとはえて、これはまた今までのどの場合ともまったく感じを変えています。

細いストライプを使って、裾の部分とベルトだけを横縞に使い、フリルも縞目が縦になるように裁ってつけると太いストライプの場合と、同じ縞で型も同じでも、全然違った印象になります。

問題でない
からだの線

太っているとか、やせているとかは、美しいとか、醜いとかいうこととは別のものであるはずです。
太っていれば、やせたひとには見られない、ふくよかな美しさがあるはずで、むしろそこを強調する位の気持ちでいて下さい。といっても、太ったひとがだぶだぶの服を着たのでは形にならないでしょうが、やたらとぎゅうぎゅうしめつけたドレスではなく、そのふっくらとしたからだをやわらかくつつむような気持ちで仕立てた服を着るようにしましょう。

作りはじめる前に

■本書では、S、M、L、LL の 4 サイズで作ることが出来ます。サイズ表と各作品の出来上り寸法を目安に、パターンのサイズを選んで下さい。
モデルの身長は 169cm、M サイズを着用しています。

■付録の実物大パターンには縫い代が含まれていないので、縫い代つきのパターンを作ります。ハトロン紙に線を写し取り、合い印、布目線、あき止り、パーツ名などを書き写します。作り方ページの裁合せ図にしたがって縫い代をつけて線を引き、ハトロン紙を縫い代線にそって切り取ります。

■裁合せ図は M サイズで見積もっています。作りたいサイズや布幅や柄によって、配置や布の使用量が変わる場合がありますので、あらかじめすべてのパターンを配置してから裁断しましょう。

■作り方イラスト内の数字の単位は cm です。

サイズ表 （ヌード寸法）　単位は cm

	S	M	L	LL
バスト	80	83	86	89
ウエスト	61	64	67	70
ヒップ	88	91	94	97

写真　**8, 10** ページ
実物大パターン　**B**面

【材料】左からS/M/L/LLサイズ
1b 表布［よそいきのハーフリネン（CHECK & STRIPE）ダークネイビー］… 120cm 幅
2m80cm/2m90cm/2m90cm/3m
2b 表布［Clay（DARUMA FABRIC）Shiro］… 108cm 幅
3m50cm/3m60cm/3m60cm/3m60cm
接着芯 … 90cm 幅 40cm
接着テープ … 1.5cm 幅　3m50cm
コンシールファスナー … 56cm　1本
スプリングホック … 1組み
【出来上り寸法】左からS/M/L/LLサイズ
バスト 90/93/96/99cm
ウエスト 69.5/72.5/75.5/78.5cm
背丈 37.5/38/38.5/39cm
スカート丈 69/70/71/72cm
【作り方】
●前後見返しに接着芯、前後衿ぐり、前後袖ぐり、ファスナーつけ位置に接着テープをはる
●身頃の後ろ中心、切替え線、脇、裾、前後見返しの奥にジグザグミシンをかける
1　後ろ中心を縫い、ファスナーをつける
2　ウエストダーツを縫う
3　切替え線を縫う
4　身頃、見返しの脇をそれぞれ縫う
5　身頃と見返しを中表に合わせ、衿ぐり、袖ぐりを縫う
6　身頃、見返しの肩をそれぞれ縫い、見返しの始末をする
7　裾を二つ折りにしてまつる
8　スプリングホックをつける

*指定以外の縫い代は1cm
* ▨ は裏に接着芯または接着テープをはる
* ⌇⌇⌇ はジグザグミシンをかける
*用尺は上からS/M/L/LLサイズ

【裁合せ図】
1b表布

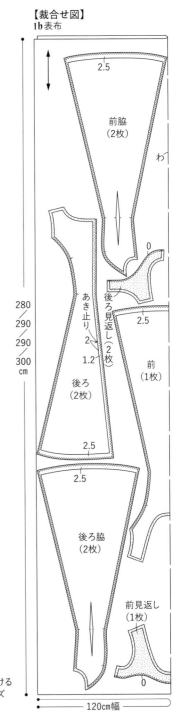

2.5

前脇（2枚）

わ

後ろ見返し（2枚）

2.5

280/290/290/300cm

あき止り

2

1.2

前（1枚）

後ろ（2枚）

2.5

2.5

後ろ脇（2枚）

前見返し（1枚）

0

120cm幅

1 後ろ中心を縫い、ファスナーをつける

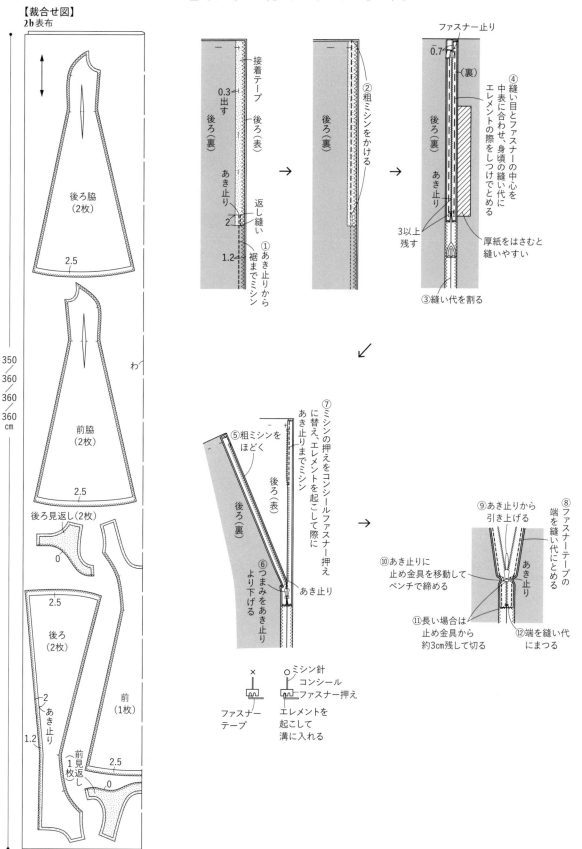

【裁合せ図】
2b 表布

後ろ脇（2枚） 2.5

前脇（2枚） 2.5

350/360/360/360 cm

わ

後ろ見返し（2枚） 0

後ろ（2枚） 2.5

2 あき止り 1.2

前（1枚）

前（1枚）見返し 0 2.5

108cm幅

接着テープ

後ろ（表）

0.3出す

0.3出す

あき止り

返し縫い 2

① あき止りから裾までミシン 1.2

後ろ（裏）

② 粗ミシンをかける

ファスナー止り

0.7

（裏）

④ 縫い目とファスナーの中心を中表に合わせ、身頃の縫い代にエレメントの際をしつけでとめる

後ろ（裏）

あき止り

3以上残す

③ 縫い代を割る

厚紙をはさむと縫いやすい

⑤ 粗ミシンをほどく

⑦ ミシンの押えをコンシールファスナー押えに替え、エレメントを起こして際にあき止りまでミシン

後ろ（表）

後ろ（裏）

⑥ つまみをあき止りより下げる

あき止り

⑧ ファスナーテープの端を縫い代にとめる

⑨ あき止りから引き上げる

あき止り

⑩ あき止りに止め金具を移動してペンチで締める

⑪ 長い場合は止め金具から約3cm残して切る

⑫ 端を縫い代にまつる

×

ファスナーテープ

ミシン針

コンシールファスナー押え

エレメントを起こして溝に入れる

2 ウエストダーツを縫う

3 切替え線を縫う

4 身頃、見返しの脇をそれぞれ縫う

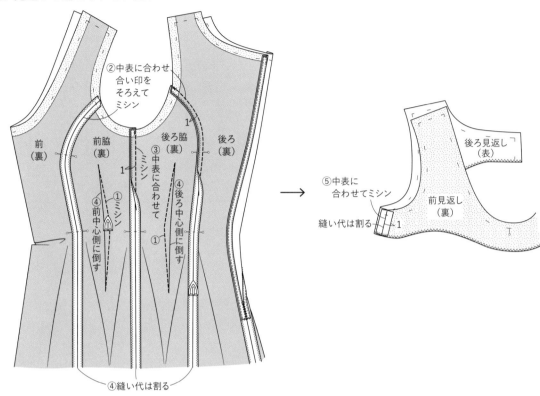

②中表に合わせ
合い印を
そろえて
ミシン

前（裏）　前脇（裏）　後ろ脇（裏）　後ろ（裏）

③中表に合わせて

④後ろ中心側に倒す　①

④前中心側に倒す　①ミシン

ミシン　1

④縫い代は割る

⑤中表に
合わせてミシン

縫い代は割る　1

後ろ見返し（表）

前見返し（裏）

5 身頃と見返しを中表に合わせ、衿ぐり、袖ぐりを縫う

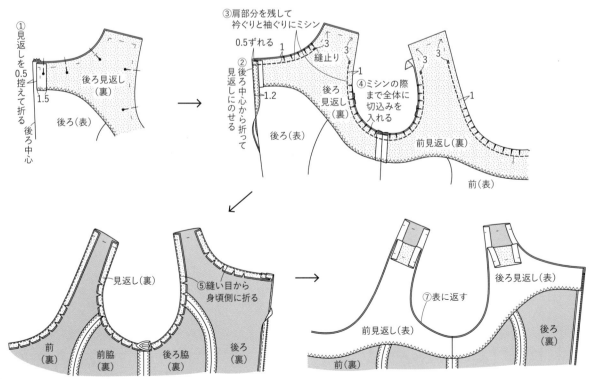

①見返しを0.5控えて折る

後ろ見返し（裏）

1.5

後ろ（表）

後ろ中心

③肩部分を残して
衿ぐりと袖ぐりにミシン

0.5ずれる　1　縫止り　3　3

②後ろ中心から折って
見返しにのせる

-1.2

後ろ（表）

④ミシンの際
まで全体に
切込みを
入れる

後ろ見返し（裏）

前見返し（裏）

1　3　3

前（表）

見返し（裏）

⑤縫い目から
身頃側に折る

前（裏）　前脇（裏）　後ろ脇（裏）　後ろ（裏）

⑦表に返す

前見返し（表）　後ろ見返し（表）

前（裏）　後ろ（裏）

6 身頃、見返しの肩をそれぞれ縫い、見返しの始末をする

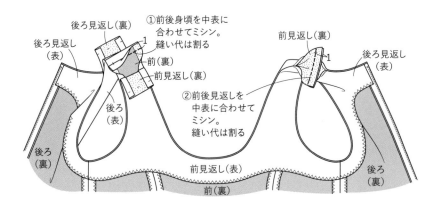

後ろ見返し（裏）

後ろ見返し（表）

①前後身頃を中表に合わせてミシン。縫い代は割る

前（裏）
前見返し（裏）

②前後見返しを中表に合わせてミシン。縫い代は割る

後ろ（表）

前見返し（表）

前（裏）

後ろ（裏）

前見返し（裏）

後ろ見返し（表）

↓

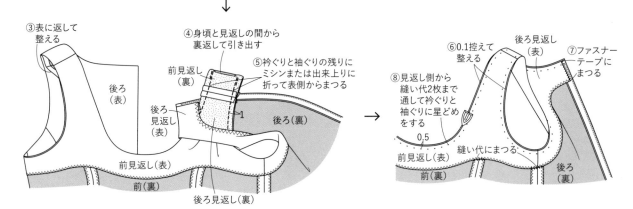

③表に返して整える

後ろ（表）

④身頃と見返しの間から裏返して引き出す

前見返し（裏）

⑤衿ぐりと袖ぐりの残りにミシンまたは出来上りに折って表側からまつる

後ろ見返し（表）

後ろ（裏）

前見返し（表）

前（裏）

後ろ見返し（裏）

→

⑥0.1控えて整える

後ろ見返し（表）

⑦ファスナーテープにまつる

⑧見返し側から縫い代2枚まで通して衿ぐりと袖ぐりに星どめをする

0.5

縫い代にまつる

前見返し（表）

前（裏）

後ろ（裏）

星どめ

0.8〜1　0.1　2入

3出　1出　　見返し（表）

7 裾を二つ折りにしてまつる

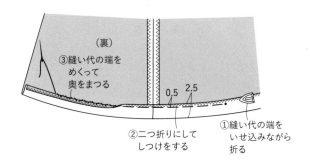

（裏）

③縫い代の端をめくって奥をまつる

0.5　2.5

②二つ折りにしてしつけをする

①縫い代の端をいせ込みながら折る

8 スプリングホックをつける

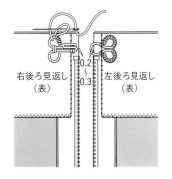

右後ろ見返し（表）

0.2
0.3

左後ろ見返し（表）

2a

写真　10ページ
実物大パターン　C面

【材料】全サイズ共通

表布[Clay（DARUMA FABRIC）Shiro]… 108cm幅　1m10cm

（2a・2bセット／4m60cm）

接着芯 … 90cm幅　70cm

ボタン … 直径2cm　4個

【出来上り寸法】左からS/M/L/LLサイズ

バスト95/98/101/104cm

背肩幅41/42/42.5/43.5cm

着丈34.5/35/35.5/36cm

【作り方】

●前見返し、表衿、裏衿に接着芯をはる

●身頃の脇、肩、裾、袖口、まちの周囲、前見返しの奥にジグザグミシンをかける

1　ウエストダーツ、肩ダーツを縫う

2　脇を縫う

3　まちをつける

4　肩を縫う

5　前身頃と前見返しを中表に合わせて衿ぐりの通し穴を作り、裾を縫う

6　裾、袖口を二つ折りにしてまつる

7　衿を作る

8　衿をつける

9　ボタン穴を作り、ボタンをつける

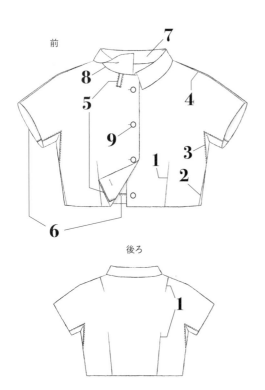

前

後ろ

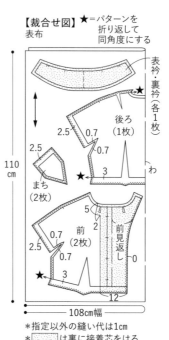

【裁合せ図】
表布

★＝パターンを折り返して同角度にする

＊指定以外の縫い代は1cm

＊ ░░░ は裏に接着芯をはる

＊ wwww はジグザグミシンをかける

＊用尺は全サイズ共通

【裁合せ図】
2a・2b表布

460cm

108cm幅

＊2bの表布以外の材料、縫い代のつけ方、作り方は76ページ参照

1 ウエストダーツ、肩ダーツを縫う

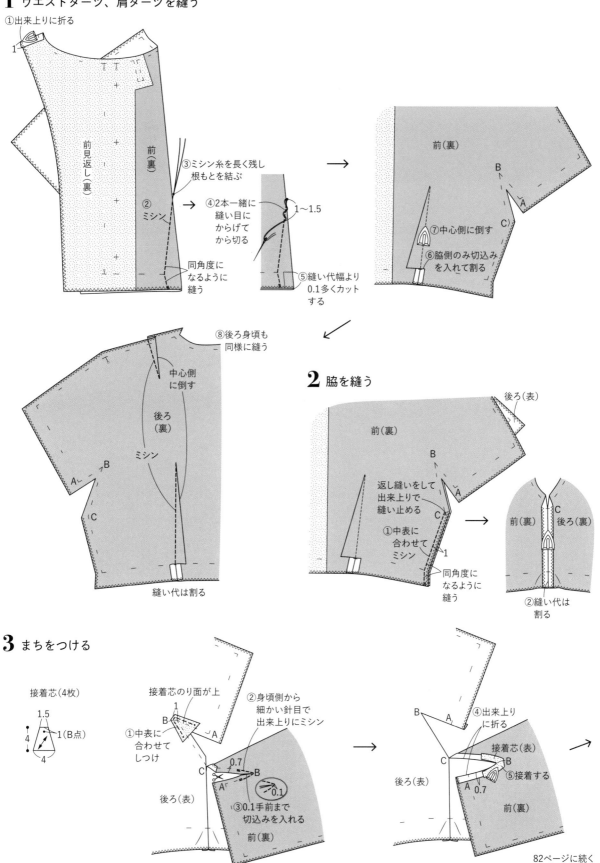

①出来上りに折る

前見返し(裏)

前(裏)

②ミシン

③ミシン糸を長く残し根もとを結ぶ

④2本一緒に縫い目にからげてから切る

1～1.5

⑤縫い代幅より0.1多くカットする

同角度になるように縫う

前(裏)

B
A
C

⑦中心側に倒す

⑥脇側のみ切込みを入れて割る

⑧後ろ身頃も同様に縫う

中心側に倒す

後ろ(裏)

ミシン

B
A
C

縫い代は割る

2 脇を縫う

前(裏)

後ろ(表)

B
A
C

返し縫いをして出来上りで縫い止める

①中表に合わせてミシン

1

同角度になるように縫う

前(裏)　C　後ろ(裏)

②縫い代は割る

3 まちをつける

接着芯(4枚)

1.5
4
4
1(B点)

接着芯のり面が上

1
B
A

①中表に合わせてしつけ

②身頃側から細かい針目で出来上りにミシン

C
0.7
B
A
0.1

③0.1手前まで切込みを入れる

後ろ(表)

前(裏)

B
A
C

④出来上りに折る

接着芯(表)
B

⑤接着する

0.7

後ろ(表)

A
0.7

前(裏)

82ページに続く

3 の続き

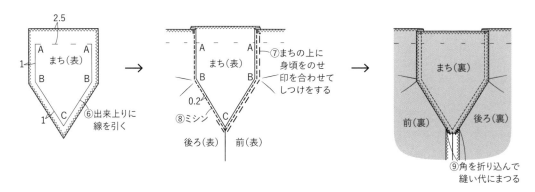

2.5
まち（表）
A A
B B
1
C
1
⑥出来上りに線を引く

⑦まちの上に身頃をのせ印を合わせてしつけをする
まち（表）
A A
B B
0.2
⑧ミシン C
後ろ（表） 前（表）

まち（裏）
前（裏） 後ろ（裏）
⑨角を折り込んで縫い代にまつる

4 肩を縫う

5 前身頃と前見返しを中表に合わせて衿ぐりの通し穴を作り、裾を縫う

6 裾、袖口を二つ折りにしてまつる

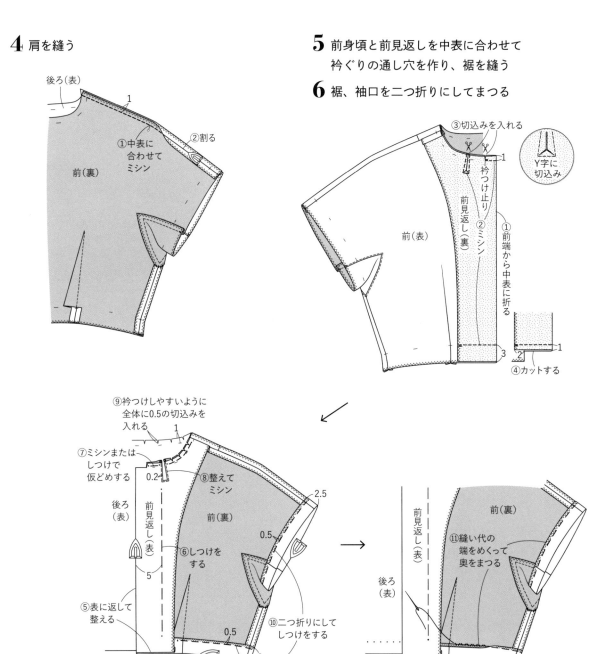

後ろ（表）
1
①中表に合わせてミシン
②割る
前（裏）

③切込みを入れる
Y字に切込み
衿つけ止り
前見返し（裏）
②ミシン
1
①前端から中表に折る
前（表）
3
2
1
④カットする

⑨衿つけしやすいように全体に0.5の切込みを入れる
1
⑦ミシンまたはしつけで仮どめする
0.2
⑧整えてミシン
前（裏）
2.5
後ろ（表）
前見返し（表）
⑥しつけをする
5
⑤表に返して整える
0.5
0.5
3
⑩二つ折りにしてしつけをする

前見返し（表）
前（裏）
⑪縫い代の端をめくって奥をまつる
後ろ（表）

7 衿を作る

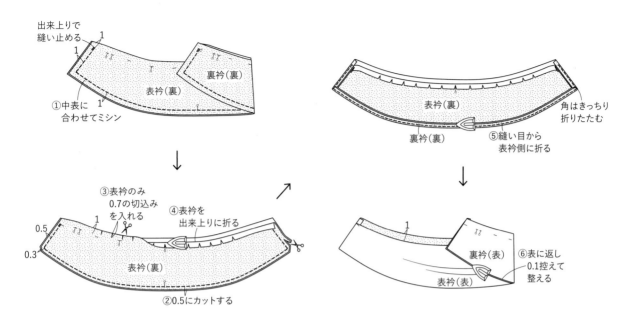

出来上りで
縫い止める
①中表に
合わせてミシン
裏衿(裏)
表衿(裏)

③表衿のみ
0.7の切込み
を入れる
④表衿を
出来上りに折る
表衿(裏)
②0.5にカットする

表衿(裏)
裏衿(裏)
⑤縫い目から
表衿側に折る
角はきっちり
折りたたむ

裏衿(表)
表衿(表)
⑥表に返し
0.1控えて
整える

8 衿をつける

0.8に開く

衿の合い印に
合わせて
0.8に開く
①中表に合わせ
合い印を
そろえてミシン
②先に入れた
身頃の切込みも
合わせてミシンの
際まで切込みを
入れる
衿の先を
衿つけ止り
に合わせる

裏衿(裏)
表衿(表)
後ろ(表)
前(表)

表衿に少しゆとりが入る
③表衿の折り山を
縫い目に合わせてまつる
表衿(表)
裏衿(表)
前見返し
(表)
④縫い代に
まつる
前(裏)
前(表)

③はミシン
でもよい
0.2
折り山を縫い目に合わせる

9 ボタン穴を作り、ボタンをつける

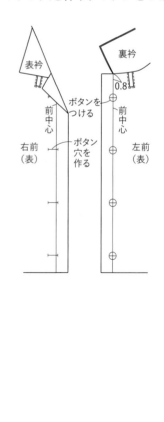

表衿
裏衿
0.8
ボタンを
つける
前中心
前中心
右前
(表)
ボタン
穴を
作る
左前
(表)

1a

写真 8ページ
実物大パターン A面、D面

【材料】左から S/M/L/LL サイズ
ジャケット
表布［よそいきのハーフリネン（CHECK & STRIPE）ダークネイビー］
… 120cm幅　1m
（1a・1bセット／3m70cm/3m80cm/3m90cm/4m）
接着芯 … 90cm幅　60cm
くるみボタン … 直径2cm　4個
スナップ … 直径0.8cm　2組み
ネクタイ
表布［綿サテン（ソールパーノ）51ベージュ］… 109cm幅　60cm
接着芯 … 90cm幅　60cm
平ゴム … 1cm幅　45cm
エイトカン … 1個
Zカン … 1個
【出来上り寸法】左から S/M/L/LL サイズ
バスト 95/98/101/104cm
背肩丈 41.5/42.5/43/44cm
着丈 27.5/28/28.5/29cm

【作り方】
●前見返し、表・裏上衿、表・裏台衿、表・裏前飾りに接着芯をはる
●身頃の脇、肩、裾、袖口、まちの周囲、前見返しの奥にジグザグミシンをかける
1 ウエストダーツ、肩ダーツを縫う（81ページ 参照）
2 脇を縫う（81ページ 参照）
3 まちをつける（81ページ 参照）
4 肩を縫う（82ページ 参照）
5 前身頃と前見返しを中表に合わせて裾を縫う。裾、袖口を二つ折りにして奥をまつる
6 上衿を作り、台衿と縫い合わせる
7 衿をつける
8 前飾りを作る
9 ボタン穴を作り、飾り布、ボタン、スナップをつける

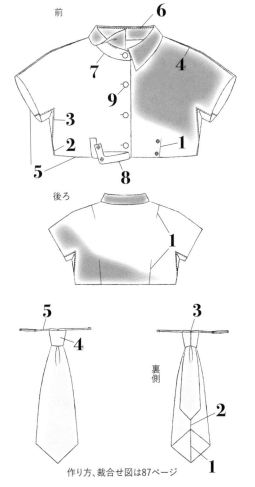

前

後ろ

作り方、裁合せ図は87ページ

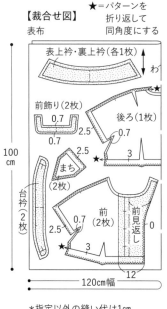

【裁合せ図】
表布

★=パターンを
折り返して
同角度にする

表上衿・裏上衿（各1枚）

わ

前飾り（2枚）
0.7
0.7
2.5

後ろ（1枚）
0.7
3

まち
（2枚）
2.5

100cm

台衿
（2枚）

前
（2枚）
0.7

前見返し
0

2.5
3

12

120cm幅

*指定以外の縫い代は1cm
* ▨ は裏に接着芯をはる
* 〰 はジグザグミシンをかける
*用尺は上からS/M/L/LLサイズ
　指定がない場合は全サイズ共通

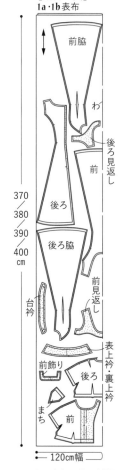

【裁合せ図】
1a・1b 表布

前脇

わ

後ろ見返し

前

後ろ

370
380
390
400
cm

後ろ脇

前見返し

台衿

前飾り

後ろ

表上衿・裏上衿

まち

前

120cm幅

*1bの表布以外の材料、
　縫い代のつけ方、
　作り方は76ページ参照

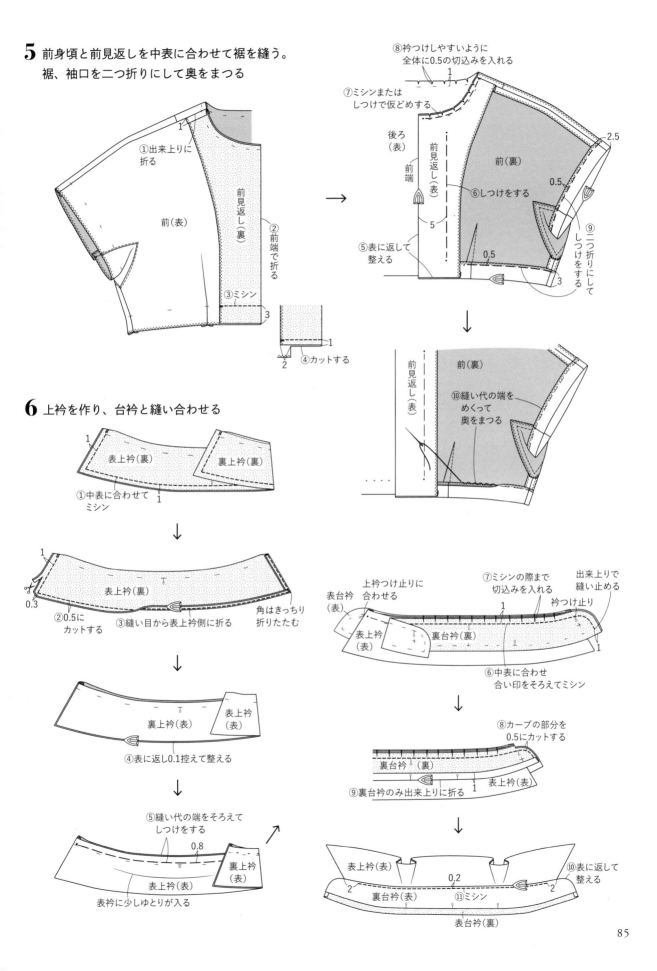

5 前身頃と前見返しを中表に合わせて裾を縫う。
裾、袖口を二つ折りにして奥をまつる

6 上衿を作り、台衿と縫い合わせる

7 衿をつける

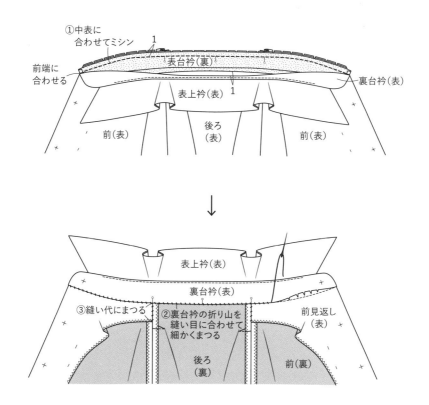

①中表に合わせてミシン
1
前端に合わせる
表台衿(裏)
裏台衿(表)
表上衿(表)
1
前(表)
後ろ(表)
前(表)

表上衿(表)
裏台衿(表)
③縫い代にまつる
②裏台衿の折り山を縫い目に合わせて細かくまつる
前見返し(表)
後ろ(裏)
前(裏)

8 前飾りを作る

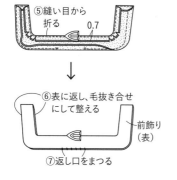

④切込みを入れる　③角をカットする
0.7
①中表に合わせてミシン
4
返し口　前飾り(裏)
②0.5にカット

⑤縫い目から折る　0.7

⑥表に返し、毛抜き合せにして整える
前飾り(表)
⑦返し口をまつる

9 ボタン穴を作り、飾り布、ボタン、スナップをつける

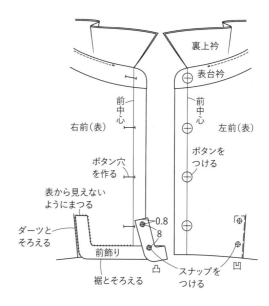

裏上衿
表台衿
前中心
右前(表)
左前(表)
前中心
前中心
ボタン穴を作る
ボタンをつける
表から見えないようにまつる
ダーツとそろえる
0.8
8
前飾り
裾とそろえる
凸
スナップをつける
凹

【作り方】

● ネクタイ、ネクタイ上部に接着芯をはる

1 ネクタイの両端を縫い、角を作る
2 中表に合わせて縫い、筒にする
3 折り返しのタックを縫う
4 ネクタイ上部を作り、ネクタイにとめる
5 平ゴムにエイトカンとZカンをつけて
　ネクタイに通す

【裁合せ図】

表布

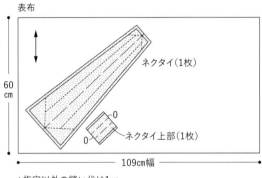

ネクタイ(1枚)

ネクタイ上部(1枚)

60cm

109cm幅

＊指定以外の縫い代は1cm

＊░░░は裏に接着芯をはる

1 ネクタイの両端を縫い、
　　角を作る

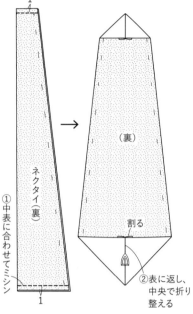

ネクタイ(裏)

①中表に合わせてミシン

(裏)

割る

②表に返し、中央で折り整える

2 中表に合わせて縫い、
　　筒にする

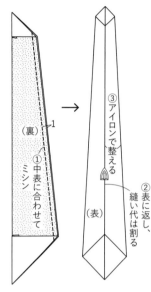

①中表に合わせて

ミシン

(裏)

(表)

③アイロンで整える

②表に返し、縫い代は割る

3 折り返しのタックを縫う

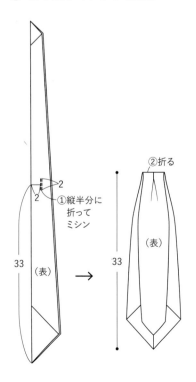

(表)

①縦半分に折ってミシン

②折る

33

33

(表)

4 ネクタイ上部を作り、ネクタイにとめる

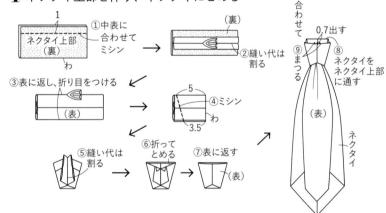

ネクタイ上部(裏)

①中表に合わせてミシン

わ

(裏)

②縫い代は割る

③表に返し、折り目をつける

(表)

5

3.5

④ミシン

わ

⑤縫い代は割る

⑥折ってとめる

⑦表に返す

(表)

①中表に合わせてミシン

0.7出す

⑨まつる

⑧ネクタイをネクタイ上部に通す

(表)

ネクタイ

5 平ゴムにエイトカンとZカンを
　　つけてネクタイに通す

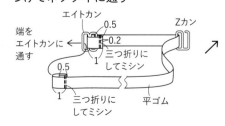

エイトカン

Zカン

端をエイトカンに通す

0.5

0.2

1

三つ折りにしてミシン

0.5

1

三つ折りにしてミシン

平ゴム

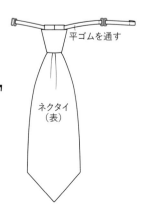

平ゴムを通す

ネクタイ(表)

2c 4c

写真 **10, 14** ページ
実物大パターン **C**面

【材料】左から S/M/L/LL サイズ

2c 表布［トルコオーガニックコットン 60 ローン揺らぎドット（服地のひでき）オフホワイト］… 107cm 幅

1m60cm/1m60cm/1m60cm/1m70cm

4c 表布［リバティ・ファブリックス タナローン アナベラ（リバティジャパン）］… 108cm 幅

1m60cm/1m60cm/1m60cm/1m70cm

接着芯 … 90cm 幅 70cm

ボタン … 直径 1.5cm 6 個

【出来上り寸法】左から S/M/L/LL サイズ

バスト 92.5/95.5/98.5/101.5cm

背肩幅 39/39.5/40.5/41cm

着丈 55/56/57/58cm

【作り方】

● 前見返しに接着芯をはる

● 前見返しの奥にジグザグミシンをかける

1 胸ダーツを縫う

2 肩、脇を縫う

3 前身頃と前見返しを中表に合わせ、衿つけ止りまでと見返し裾を縫う。
裾を三つ折りにして縫う

4 衿を作る

5 衿をつける

6 袖を作り、つける

7 ボタン穴を作り、ボタンをつける（**83** ページ 参照）

【裁合せ図】
表布

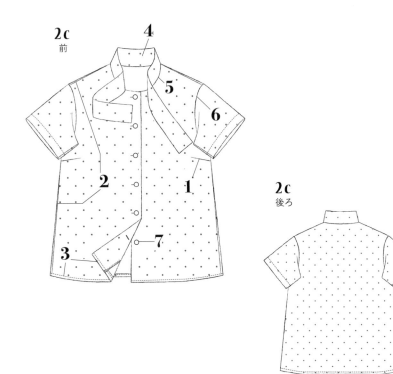

160／
160／
160／
170
cm

107／108cm幅

＊指定以外の縫い代は1cm

＊ ░░ は裏に接着芯をはる

＊〜〜〜 はジグザグミシンをかける

＊用尺は上からS/M/L/LLサイズ

1 胸ダーツを縫う

2 肩、脇を縫う

3 前身頃と前見返しを中表に合わせ、衿つけ止りまでと見返し裾を縫う。裾を三つ折りにして縫う

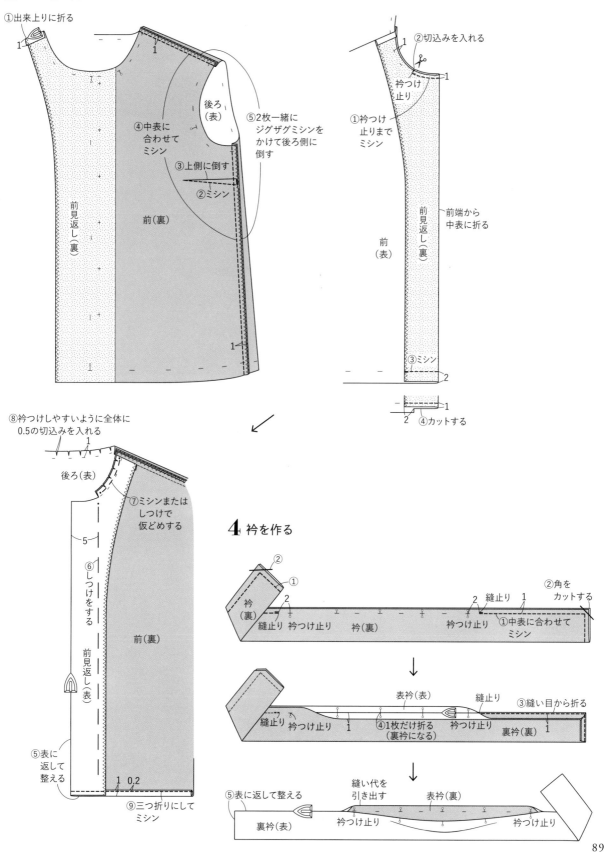

①出来上りに折る

1

前見返し（裏）

前（裏）

④中表に合わせてミシン

後ろ（表）

⑤2枚一緒にジグザグミシンをかけて後ろ側に倒す

③上側に倒す

②ミシン

1

②切込みを入れる

1

衿つけ止り

①衿つけ止りまでミシン

前（表）

前見返し（裏）

前端から中表に折る

③ミシン

2

1

2

④カットする

⑧衿つけしやすいように全体に0.5の切込みを入れる

1

後ろ（表）

⑦ミシンまたはしつけで仮どめする

5

⑥しつけをする

前見返し（表）

前（裏）

⑤表に返して整える

1 0.2

⑨三つ折りにしてミシン

4 衿を作る

②

①

衿（裏）

2

縫止り 衿つけ止り

衿（裏）

2 縫止り 1

衿つけ止り

②角をカットする

①中表に合わせてミシン

縫止り

衿つけ止り 1

表衿（表）

④1枚だけ折る（裏衿になる）

縫止り

衿つけ止り

③縫い目から折る

裏衿（裏）

⑤表に返して整える

縫い代を引き出す

表衿（裏）

裏衿（表）

衿つけ止り

衿つけ止り

5 衿をつける

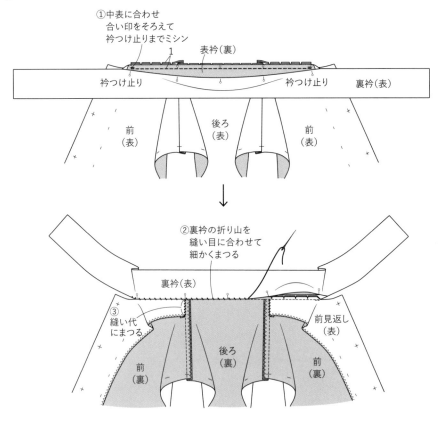

①中表に合わせ
合い印をそろえて
衿つけ止りまでミシン

1

表衿(裏)

衿つけ止り　　衿つけ止り　　裏衿(表)

前
(表)

後ろ
(表)

前
(表)

②裏衿の折り山を
縫い目に合わせて
細かくまつる

裏衿(表)

③
縫い代
にまつる

前見返し
(表)

前
(裏)

後ろ
(裏)

前
(裏)

6 袖を作り、つける

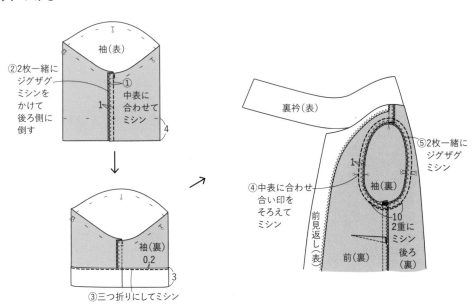

②2枚一緒に
ジグザグ
ミシンを
かけて
後ろ側に
倒す

袖(表)

①
中表に
合わせて
ミシン

1

4

袖(裏)
0.2

3

③三つ折りにしてミシン

裏衿(表)

⑤2枚一緒に
ジグザグ
ミシン

④中表に合わせ
合い印を
そろえて
ミシン

袖(裏)

1

10
2重に
ミシン

前見返し
(表)

前
(裏)

後ろ
(裏)

写真 **12**ページ
実物大パターン **B**面

【材料】左からS/M/L/LLサイズ
表布[リネンアンティークドットプリント(生地の森)
3 ダークグリーン]…104cm幅 3m40cm/
3m40cm/3m50cm/3m50cm
別布[リネン ブラック]…110cm幅 80cm
接着芯…90cm幅 40cm
接着テープ…1.5cm幅 1m20cm
コンシールファスナー…56cm 1本
ボタン…直径1.5cm 3個
スプリングホック…1組み
【出来上り寸法】左からS/M/L/LLサイズ
バスト 92/95/98/101cm
ウエスト 69/72/75/78cm
背丈 37.5/38/38.5/39cm
スカート丈 69.5/70.5/71.5/72.5cm
【作り方】
●表衿、前見返し、後ろ衿ぐり見返し、前後袖ぐ
り見返しに接着芯、身頃とスカートのファスナー
位置に接着テープをはる
●身頃の後ろ中心、肩、脇、前後見返しと前後
袖ぐり見返しの奥、スカートの後ろ中心、切替え
線、脇、裾にジグザグミシンをかける

1 身頃の前後ウエストにギャザーミシンをか
    ける。前後身頃の肩と脇、前見返しと後ろ
    衿ぐり見返しの肩、前後袖ぐり見返しの肩
    と脇をそれぞれ縫う
2 身頃と袖ぐり見返しを中表に合わせて縫う
3 スカートのウエストダーツを縫う(78ページ
    参照)

4 スカートの切替え線を縫う(78ページ 参照)
5 スカートの脇を縫う(78ページ 参照)
6 身頃とスカートを縫い合わせる
7 後ろ中心を縫い、ファスナーをつける(77ペ
    ージ 参照)
8 衿を作る
9 身頃と見返しで衿をはさんで衿をつける
10 裾を二つ折りにしてまつる(79ページ 参照)
11 帯をつける
12 リボンを作り、つける
13 ボタン穴を作り、ボタンをつける。スプリング
    ホックをつける(79ページ 参照)

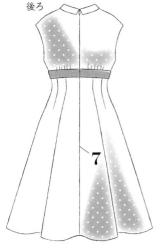

後ろ

*指定以外の縫い代は1cm
* □□□ は裏に接着芯または
　接着テープをはる
* wwww はジグザグミシンをかける
*用尺は上からS/M/L/LLサイズ

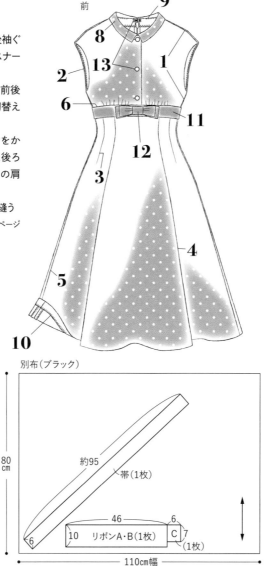

前

別布(ブラック)

80cm

約95
帯(1枚)

46　6
10 リボンA・B(1枚) C 7
(1枚)
6

110cm幅

【裁合せ図】
表布(ドット)

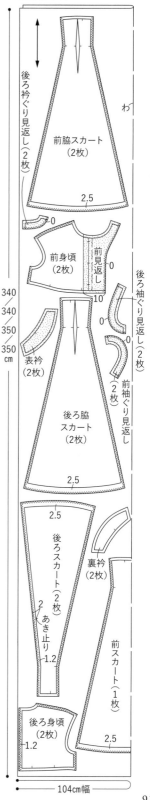

後ろ衿ぐり見返し(2枚)
前脇スカート(2枚)
わ
2.5
0
前身頃(2枚)
前見返し
後ろ袖ぐり見返し(2枚)
前袖ぐり見返し
340/340/350/350cm
表衿(2枚)
裏衿(2枚)
後ろ脇スカート(2枚)
2.5
2.5
後ろスカート(2枚)
2 あき止り 1.2
前スカート(1枚)
2.5
後ろ身頃(2枚)
1.2

104cm幅

1 身頃の前後ウエストにギャザーミシンをかける。
　前後身頃の肩と脇、前見返しと後ろ衿ぐり見返しの肩、前後袖ぐり見返しの肩と脇をそれぞれ縫う

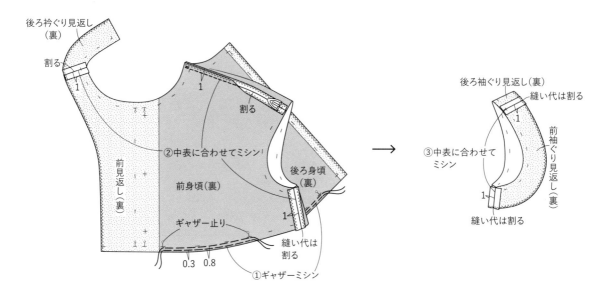

2 身頃と袖ぐり見返しを中表に合わせて縫う

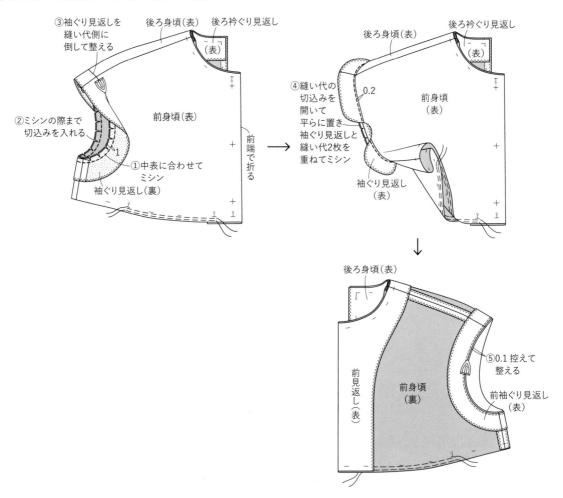

6 身頃とスカートを縫い合わせる

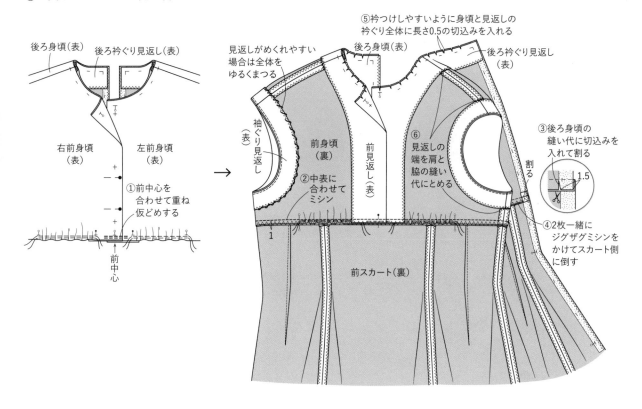

後ろ身頃（表）
後ろ衿ぐり見返し（表）

右前身頃（表）　左前身頃（表）

①前中心を合わせて重ねて仮どめする

前中心

⑤衿つけしやすいように身頃と見返しの衿ぐり全体に長さ0.5の切込みを入れる

後ろ身頃（表）

後ろ衿ぐり見返し（表）

見返しがめくれやすい場合は全体をゆるくまつる

袖ぐり見返し（表）

前身頃（裏）

②中表に合わせてミシン

前見返し（表）

⑥見返しの端を肩と脇の縫い代にとめる

割る

③後ろ身頃の縫い代に切込みを入れて割る
1.5

④2枚一緒にジグザグミシンをかけてスカート側に倒す

前スカート（裏）

1

8 衿を作る

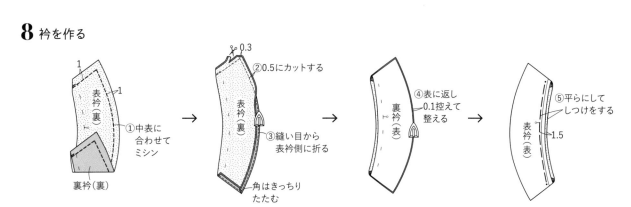

1

表衿（裏）
1

①中表に合わせてミシン

裏衿（裏）

0.3

②0.5にカットする

表衿（裏）

③縫い目から表衿側に折る

角はきっちりたたむ

④表に返し0.1控えて整える

裏衿（表）

⑤平らにしてしつけをする

表衿（表）

1.5

9 身頃と見返しで衿をはさんで衿をつける

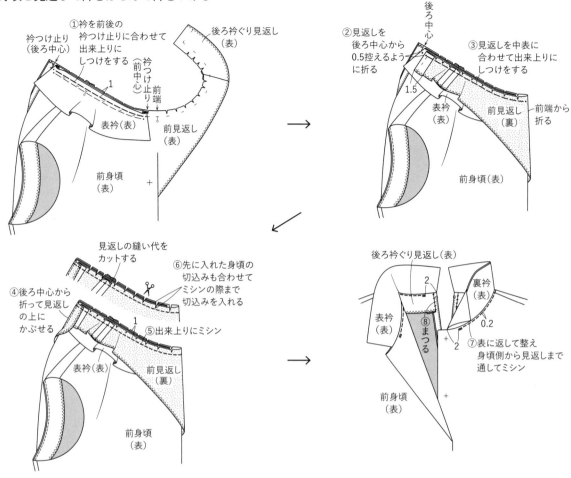

①衿を前後の
衿つけ止りに合わせて
出来上りに
しつけをする

衿つけ止り
(後ろ中心)

衿つけ止り
(前中心)

前端

後ろ衿ぐり見返し
(表)

表衿(表)

前見返し
(表)

前身頃
(表)

②見返しを
後ろ中心から
0.5控えるよう
に折る

後ろ中心

③見返しを中表に
合わせて出来上りに
しつけをする

前端から
折る

表衿
(表)

前見返し
(裏)

前身頃(表)

1.5

見返しの縫い代を
カットする

⑥先に入れた身頃の
切込みも合わせて
ミシンの際まで
切込みを入れる

④後ろ中心から
折って見返し
の上に
かぶせる

⑤出来上りにミシン

表衿(表)

前見返し
(裏)

前身頃
(表)

後ろ衿ぐり見返し(表)

表衿
(表)

裏衿
(表)

⑧まつる

⑦表に返して整え
身頃側から見返しまで
通してミシン

前身頃
(表)

0.2

11 帯をつける

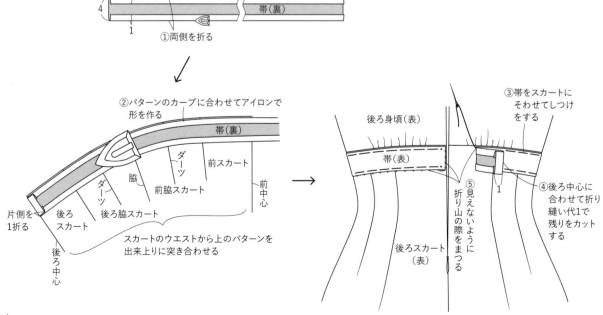

帯(裏)

①両側を折る

②パターンのカーブに合わせてアイロンで
形を作る

帯(裏)

ダーツ

脇

前脇スカート

前スカート

前中心

片側を
1折る

後ろ
スカート

後ろ脇スカート

後ろ
中心

スカートのウエストから上のパターンを
出来上りに突き合わせる

後ろ身頃(表)

③帯をスカートに
そわせてしつけ
をする

帯(表)

⑤見えないように
折り山の際を
まつる

④後ろ中心に
合わせて折り
縫い代1で
残りをカット
する

後ろスカート
(表)

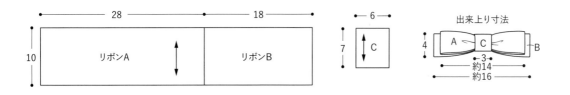

出来上り寸法

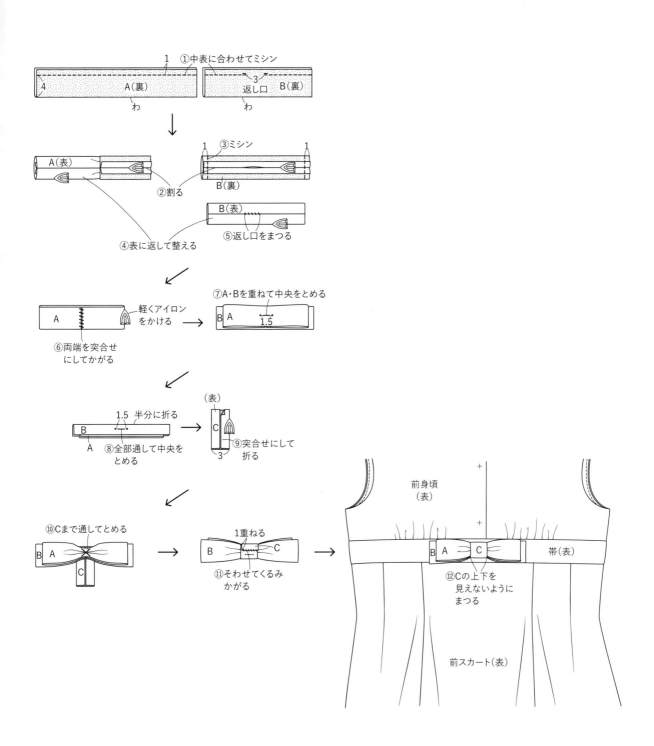

①中表に合わせてミシン

A(裏)　B(裏)　返し口

わ　わ

②割る

③ミシン

A(表)

B(裏)

④表に返して整える

⑤返し口をまつる

B(表)

⑥両端を突合せにしてかがる

軽くアイロンをかける

⑦A・Bを重ねて中央をとめる

1.5

半分に折る

1.5

⑧全部通して中央をとめる

(表)

C

⑨突合せにして折る

⑩Cまで通してとめる

⑪そわせてくるみかがる

1重ねる

前身頃(表)

帯(表)

⑫Cの上下を見えないようにまつる

前スカート(表)

a

写真 **14** ページ
実物大パターン **D** 面

【材料】左から S/M/L/LL サイズ
表布 [20 s カツラギ（ソールパーノ）37 T マスタード] … 109 cm 幅
1 m 80 cm
（4 a・4 b セット／ 4 m／4 m／4 m 10 cm／4 m 10 cm）
接着芯 … 90 cm 幅　80 cm
くるみボタン … 直径 2 cm　3 個、直径 1.5 cm　2 個
【出来上り寸法】左から S/M/L/LL サイズ
バスト 95／98／101／104 cm
背肩幅 41.5／42.5／43／44 cm
背丈 40.5／41／41.5／42 cm
ゆき丈 62／63／64.5／66 cm
【作り方】
●前身頃、裏衿、前見返し・表衿、見返し切替え布に接着芯をはる
●身頃の後ろ中心、脇、肩、裾、袖下、袖口、まちの周囲にジグザグ
ミシンをかける

1　ウエストダーツ、肩ダーツを縫う（**81** ページ 参照）
2　脇、袖下を縫う（**81** ページ 参照）。袖下も脇と同様に縫い、
　　縫い代を割る
3　まちをつける
4　肩を縫う
5　後ろ中心を縫う
6　裏衿をつける
7　前見返しと見返し切替え布を縫い合わせ、前見返しの奥に
　　ジグザグミシンをかける
8　前身頃・裏衿と前見返し・表衿を中表に合わせて縫う
9　裾、袖口を二つ折りにして奥をまつる
10　前ウエストのタックを縫う
11　ボタン穴を作り、ボタンをつける

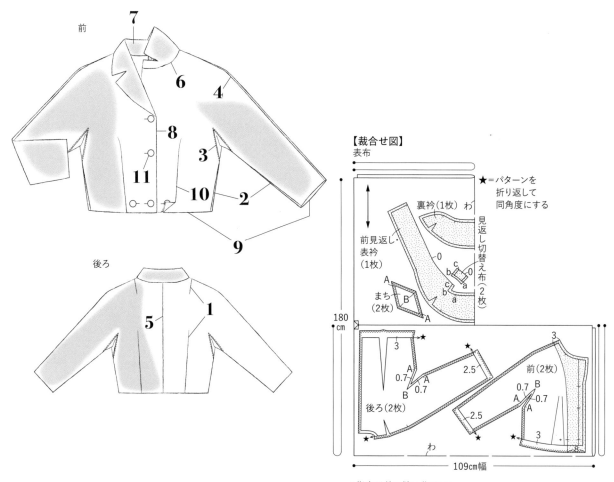

【裁合せ図】
表布

★=パターンを
折り返して
同角度にする

裏衿（1枚）わ
見返し切替え布（2枚）
前見返し・表衿（1枚）
まち（2枚）

180 cm

後ろ（2枚）
前（2枚）

109cm幅

＊指定以外の縫い代は1cm
＊ は裏に接着芯をはる
＊〜〜〜〜はジグザグミシンをかける
＊用尺は上からS/M/L/LLサイズ

3 まちをつける

①～③は
81ページ参照

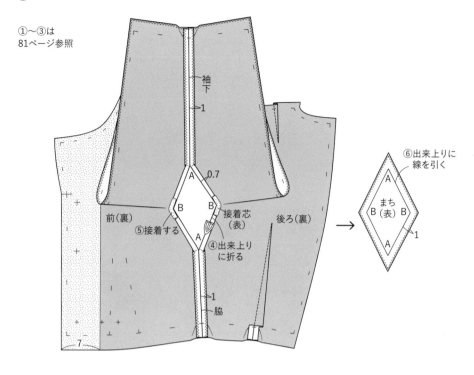

袖下
1

A 0.7
A
接着芯
(表)
B B
前(裏)
⑤接着する
A
④出来上り
に折る
後ろ(裏)

1
脇

7

⑥出来上りに
線を引く
A
B まち B
(表)
A
1

⑦まちの上に
身頃をのせ
印を合わせて
しつけをする
A
0.2
B まち B
(表)
後ろ ⑧ミシン
(表) 前(表)
A

⑨角を折り込んで
縫い代にまつる
A
B まち B
(裏)
前 A 後ろ
(裏) (裏)

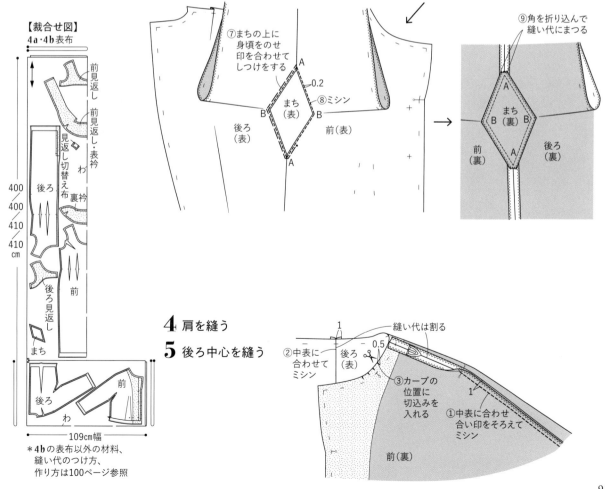

【裁合せ図】
4a・4b表布

前見返し
前見返し
前見返し・表衿
見返し切替え布
わ
裏衿
400
400
410
410
cm
後ろ
後ろ見返し
まち
前
後ろ
わ
前

◀―― 109cm幅 ――▶

*4bの表布以外の材料、
縫い代のつけ方、
作り方は100ページ参照

4 肩を縫う
5 後ろ中心を縫う

1
②中表に
合わせて
ミシン
後ろ
(表)
0.5
縫い代は割る

③カーブの
位置に
切込みを
入れる
1
①中表に合わせ
合い印をそろえて
ミシン
前(裏)

97

6 裏衿をつける

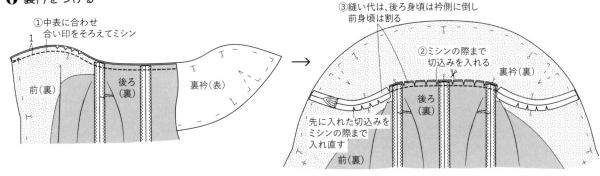

①中表に合わせ
合い印をそろえてミシン

前（裏）

後ろ（裏）

裏衿（表）

③縫い代は、後ろ身頃は衿側に倒し
前身頃は割る

②ミシンの際まで
切込みを入れる

裏衿（裏）

後ろ（裏）

先に入れた切込みを
ミシンの際まで
入れ直す

前（裏）

7 前見返しと見返し切替え布を縫い合わせ、
前見返しの奥にジグザグミシンをかける

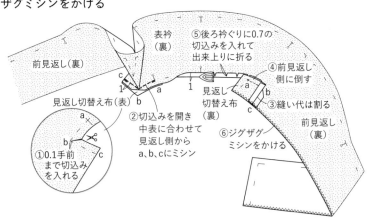

前見返し（裏）

表衿（裏）

⑤後ろ衿ぐりに0.7の
切込みを入れて
出来上りに折る

④前見返し
側に倒す

③縫い代は割る

見返し
切替え布
（裏）

前見返し
（裏）

⑥ジグザグ
ミシンをかける

見返し切替え布（表）

②切込みを開き
中表に合わせて
見返し側から
a、b、cにミシン

①0.1手前
まで切込み
を入れる

8 前身頃・裏衿と前見返し・表衿を中表に合わせて縫う

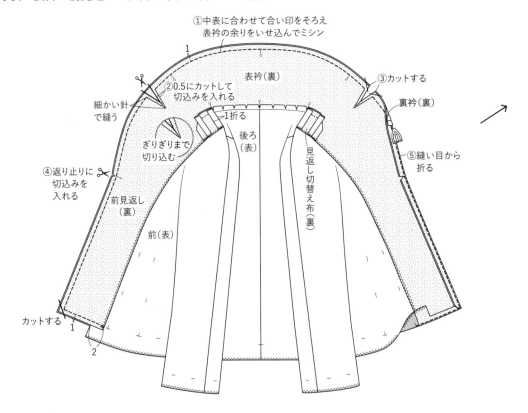

①中表に合わせて合い印をそろえ
表衿の余りをいせ込んでミシン

表衿（裏）

③カットする

裏衿（裏）

②0.5にカットして
切込みを入れる

細かい針
で縫う

ぎりぎりまで
切り込む

1折る

後ろ
（表）

見返し切替
え布（裏）

⑤縫い目から
折る

④返り止りに
切込みを
入れる

前見返し
（裏）

前（表）

カットする

8 の続き

9 裾、袖口を二つ折りにして
奥をまつる

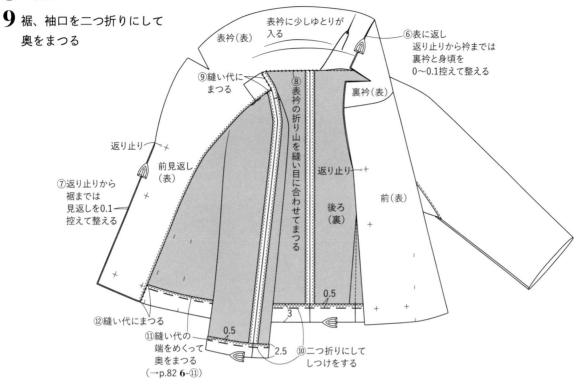

表衿に少しゆとりが入る

⑥表に返し
返り止りから衿までは
裏衿と身頃を
0〜0.1控えて整える

表衿（表）

裏衿（表）

⑨縫い代にまつる

⑧表衿の折り山を縫い目に合わせてまつる

返り止り

前見返し（表）

返り止り

前（表）

後ろ（裏）

⑦返り止りから裾までは見返しを0.1控えて整える

0.5

⑫縫い代にまつる

0.5

3

⑪縫い代の端をめくって奥をまつる
（→p.82 **6**-⑪）

2.5

⑩二つ折りにしてしつけをする

---

10 前ウエストのタックを縫う

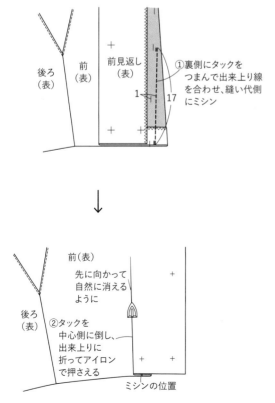

後ろ（表）

前（表）

前見返し（表）

①裏側にタックをつまんで出来上り線を合わせ、縫い代側にミシン

1

17

↓

前（表）

先に向かって自然に消えるように

後ろ（表）

②タックを中心側に倒し、出来上りに折ってアイロンで押さえる

ミシンの位置

---

11 ボタン穴を作り、ボタンをつける

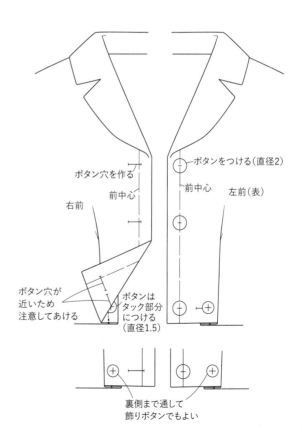

ボタン穴を作る

右前

前中心

ボタンをつける（直径2）

前中心

左前（表）

ボタン穴が近いため注意してあける

ボタンはタック部分につける（直径1.5）

裏側まで通して飾りボタンでもよい

b

写真　**14**ページ
実物大パターン　**D**面

【材料】左から S/M/L/LL サイズ
表布［20s カツラギ（ソールパーノ）37T マスタード］… 109cm 幅
2m30cm／2m40cm／2m40cm／2m50cm
接着芯 … 90cm 幅　40cm
接着テープ … 1.5cm 幅　2m20cm
コンシールファスナー … 56cm　1本
スプリングホック … 1組み
【出来上り寸法】左から S/M/L/LL サイズ
バスト 91/94/97/100cm
ウエスト 59/62/65/68cm
ヒップ 96/99/102/105cm
背丈 37.5/38/38.5/39cm
スカート丈 73/74/75/76cm
【作り方】
●前後見返し、スリットに接着芯、前後衿ぐり、前後袖ぐり、ファスナーつけ位置に接着テープをはる
●身頃の後ろ中心、脇、裾、前後見返しの奥にジグザグミシンをかける

1　スリットの芯をとめる。
　　スリットを残して後ろ中心を縫い、ファスナーをつける
2　胸ダーツ、ウエストダーツを縫う
3　身頃、見返しの脇をそれぞれ縫う
4　身頃と見返しを中表に合わせ、衿ぐり、袖ぐりを縫う（**78**ページ 参照）
5　身頃、見返しの肩をそれぞれ縫い、見返しの始末をする（**79**ページ 参照）
6　スリットを作り、裾を二つ折りにしてまつる
7　スプリングホックをつける（**79**ページ 参照）

【裁合せ図】
表布

★＝パターンを折り返して同角度にする

＊指定以外の縫い代は1cm
＊▨ は裏に接着芯または接着テープをはる
＊wwww はジグザグミシンをかける
＊用尺は上からS／M／L／LLサイズ

1 スリットの芯をとめる。スリットを残して後ろ中心を縫い、ファスナーをつける

2 胸ダーツ、ウエストダーツを縫う

3 身頃、見返しの脇をそれぞれ縫う

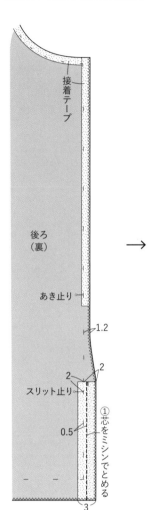

接着テープ

後ろ
（裏）

あき止り

1.2

2　　　2

スリット止り

0.5

①芯をミシンでとめる

3

→

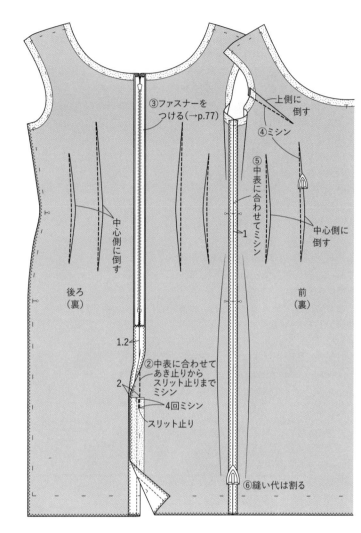

③ファスナーをつける（→p.77）

上側に倒す

④ミシン

⑤中表に合わせてミシン

中心側に倒す

中心側に倒す

後ろ
（裏）

前
（裏）

1.2

②中表に合わせてあき止りからスリット止りまでミシン

2

4回ミシン

スリット止り

1

⑥縫い代は割る

↓

6 スリットを作り、
　裾を二つ折りにしてまつる

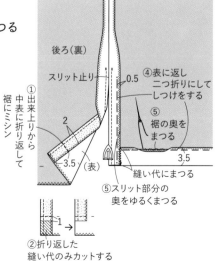

後ろ（裏）

スリット止り

0.5

①出来上りから中表に折り返して裾にミシン

2

④表に返し
二つ折りにして
しつけをする

⑤

裾の奥を
まつる

3.5

3.5（表）

縫い代にまつる

⑤スリット部分の
奥をゆるくまつる

②折り返した
縫い代のみカットする

1

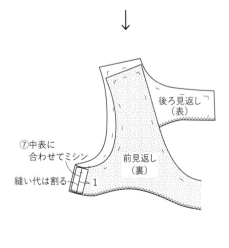

後ろ見返し
（表）

⑦中表に
合わせてミシン

前見返し
（裏）

縫い代は割る

1

写真 **16** ページ
実物大パターン **A**面

【材料】 左から S/M/L/LL サイズ
表布［ハーフリネンストライプ（CHECK & STRIPE）ダブル ブルー］…
105cm 幅　2m30cm/2m30cm/2m40cm/2m40cm
別布 ［プレミアムハーフリネン（CHECK & STRIPE）ホワイト］…
120cm 幅　20cm
接着芯 … 90cm 幅　110cm
ボタン … 直径 2.5cm　2 個
スナップ … 直径 0.8cm　6 組み
【出来上り寸法】 左から S/M/L/LL サイズ
バスト 102/105/108/111cm
背肩幅 43.5/44.5/45/46cm
着丈 100.5/102/103.5/105cm
【作り方】
●表衿、短冊、スリット、ベルトに接着芯をはる
●身頃の肩、脇、裾、袖口、まちの周囲にジグザグミシンをかける
1 前身頃にスラッシュあきを作る
2 短冊をつける
3 脇を縫う（**81** ページ 参照）
4 ベルトをつける
5 まちをつける（**81** ページ 参照）
6 後ろ衿ぐりのタックをたたみ、スリットを残して後ろ中心を縫う
7 肩を縫う

8 衿を作る（**83** ページ 参照）
9 衿をつける
10 スリットを作り、裾を二つ折りにしてまつる（**101** ページ 参照）
11 袖口を二つ折りにしてまつる（**82** ページ 参照）
12 リボンを作り、つける
13 飾りボタンとスナップをつける

【裁合せ図】
表布（ストライプ）

★=パターンを
折り返して
同角度にする

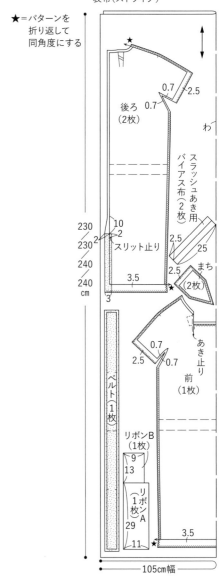

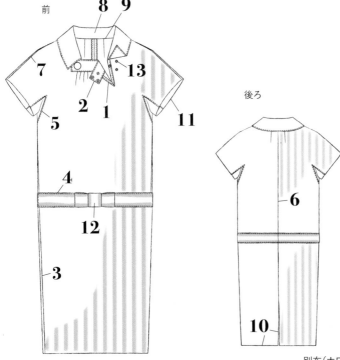

前

後ろ

*指定以外の縫い代は1cm
* は裏に接着芯をはる
* は裏に接着芯をはる
* ジグザグミシンをかける
*用尺は上からS/M/L/LLサイズ

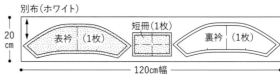

別布（ホワイト）
20cm
表衿（1枚）　短冊（1枚）　裏衿（1枚）
120cm幅

1 前身頃にスラッシュあきを作る

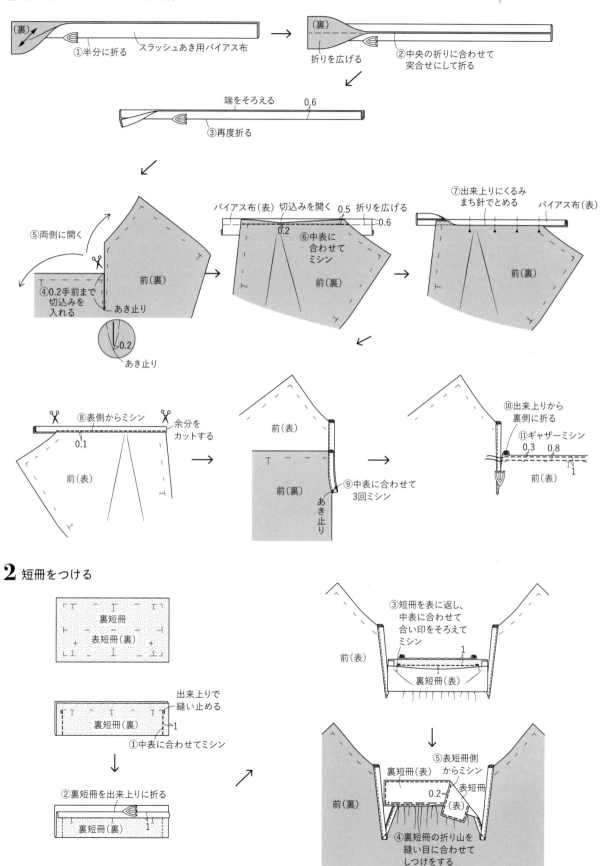

①半分に折る　スラッシュあき用バイアス布

②中央の折りに合わせて突合せにして折る
折りを広げる
(裏)

③再度折る　端をそろえる　0.6

⑤両側に開く

④0.2手前まで切込みを入れる
あき止り
0.2
あき止り

バイアス布(表)　切込みを開く　0.5　折りを広げる
0.2　0.6
⑥中表に合わせてミシン
前(裏)

⑦出来上りにくるみまち針でとめる　バイアス布(表)
前(裏)

⑧表側からミシン　余分をカットする
0.1
前(表)

前(表)
前(裏)
⑨中表に合わせて3回ミシン　あき止り

⑩出来上りから裏側に折る
⑪ギャザーミシン
0.3　0.8
1
前(表)

2 短冊をつける

裏短冊
表短冊(裏)

裏短冊(裏)
出来上りで縫い止める
1
①中表に合わせてミシン

②裏短冊を出来上りに折る
裏短冊(裏)
1

③短冊を表に返し、中表に合わせて合い印をそろえてミシン
前(表)　1
裏短冊(表)

裏短冊(表)
⑤表短冊側からミシン
0.2　表短冊(表)
前(裏)
④裏短冊の折り山を縫い目に合わせてしつけをする

103

4 ベルトをつける

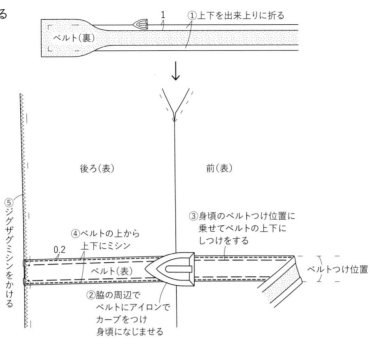

①上下を出来上りに折る

ベルト（裏）

1

後ろ（表）　　　前（表）

⑤ジグザグミシンをかける

④ベルトの上から上下にミシン

0.2

ベルト（表）

③身頃のベルトつけ位置に乗せてベルトの上下にしつけをする

②脇の周辺でベルトにアイロンでカーブをつけ身頃になじませる

ベルトつけ位置

6 後ろ衿ぐりのタックをたたみ、
スリットを残して後ろ中心を縫う

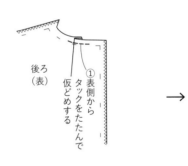

後ろ（表）

①表側からタックをたたんで仮どめする

→

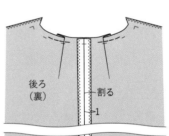

後ろ（裏）

割る

1

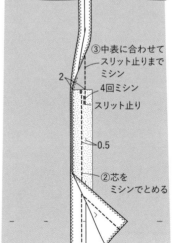

③中表に合わせてスリット止りまでミシン

2

4回ミシン

スリット止り

0.5

②芯をミシンでとめる

7 肩を縫う

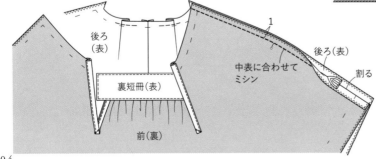

後ろ（表）

裏短冊（表）

前（裏）

1

中表に合わせてミシン

後ろ（表）

割る

9 衿をつける

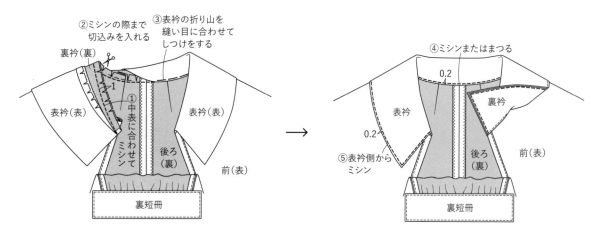

②ミシンの際まで切込みを入れる

③表衿の折り山を縫い目に合わせてしつけをする

裏衿(裏)

表衿(表)

①中表に合わせてミシン

表衿(表)

後ろ(裏)

前(表)

裏短冊

④ミシンまたはまつる

0.2

表衿

0.2

⑤表衿側からミシン

裏衿

後ろ(裏)

前(表)

裏短冊

12 リボンを作り、つける

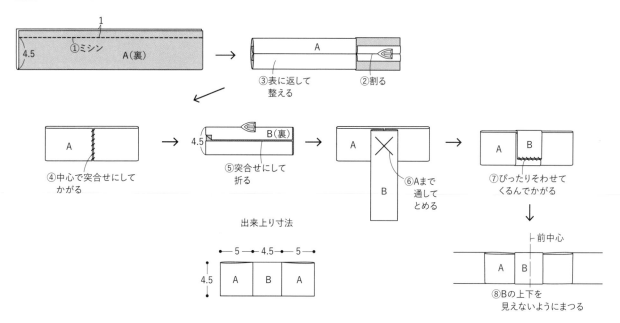

1

①ミシン

A(裏)

4.5

③表に返して整える

A

②割る

④中心で突合せにしてかがる

A

⑤突合せにして折る

4.5

B(裏)

⑥Aまで通してとめる

A

B

⑦ぴったりそわせてくるんでかがる

A

B

出来上り寸法

5 — 4.5 — 5

4.5

A B A

前中心

A B

⑧Bの上下を見えないようにまつる

13 飾りボタンとスナップをつける

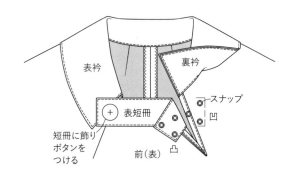

表衿

裏衿

表短冊

スナップ

凹

短冊に飾りボタンをつける

前(表)

凸

写真　**18**ページ
実物大パターン　**A**面

【材料】左からS/M/L/LLサイズ
表布［先染ダンガリー（ソールパーノ）4アカ］…108cm幅
2m60cm/2m70cm/2m70cm/2m70cm
接着芯…90cm幅　80cm
【出来上り寸法】左からS/M/L/LLサイズ
バスト 107/110/113/116cm
背肩幅 43.5/44.5/45/46cm
着丈 106.5/108/109.5/111cm
【作り方】
●ヨーク、裏衿、前見返し・表衿、見返し切替え布、表切替え布、
スリットに接着芯をはる
●身頃の後ろ中心、後ろ肩、脇、裾、袖口、まちの周囲にジグザ
グミシンをかける

1 ヨークと裏衿、前見返しと見返し切替え布を縫い合わせる
2 ヨーク・裏衿と見返し・表衿を中表に合わせて縫う
3 ヨークと見返しを表・裏切替え布ではさんで縫う
4 前身頃と切替え布を縫い合わせる
5 脇を縫う（**81**ページ 参照）
6 まちをつける（**81**ページ 参照）

7 後ろ衿ぐりのタックをたたみ、スリットを残して後ろ中心を縫う
（**104**ページ 参照）
8 肩を縫う
9 後ろ衿ぐりを縫う
10 スリットを作り、裾を二つ折りにしてまつる（**101**ページ 参照）
11 袖口を二つ折りにしてまつる（**82**ページ 参照）
12 リボンを作り（**105**ページ 参照）、つける

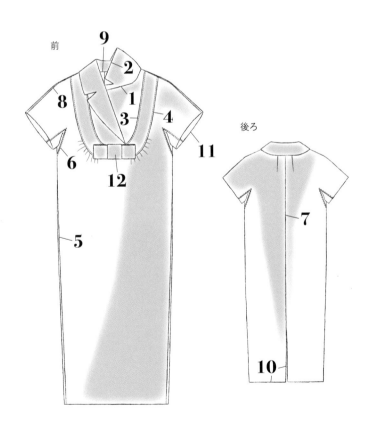

前

後ろ

【裁合せ図】
表布

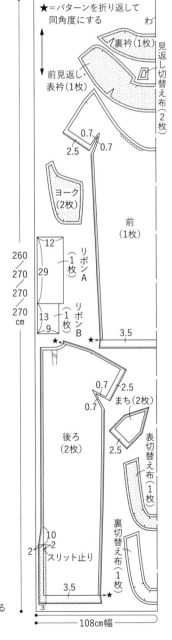

★=パターンを折り返して
同角度にする

裏衿（1枚）
見返し切替え布（2枚）
前見返し・表衿（1枚）
ヨーク（2枚）
前（1枚）
リボンA（1枚）
リボンB（1枚）
まち（2枚）
後ろ（2枚）
表切替え布（1枚）
裏切替え布（1枚）
スリット止り

260/270/270/270 cm

108cm幅

*指定以外の縫い代は1cm
* ░░░ は裏に接着芯をはる
* ∿∿∿ はジグザグミシンをかける
*用尺は上からS/M/L/LLサイズ

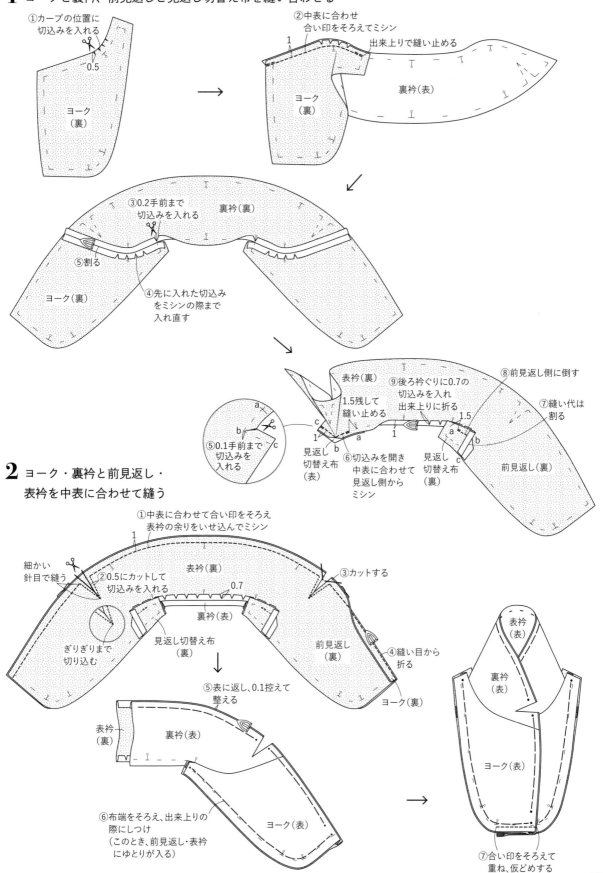

1 ヨークと裏衿、前見返しと見返し切替え布を縫い合わせる

①カーブの位置に切込みを入れる
0.5
ヨーク（裏）

②中表に合わせ合い印をそろえてミシン
出来上りで縫い止める
1
ヨーク（裏）
裏衿（表）

③0.2手前まで切込みを入れる
裏衿（裏）
⑤割る
④先に入れた切込みをミシンの際まで入れ直す
ヨーク（裏）

表衿（裏）
⑨後ろ衿ぐりに0.7の切込みを入れ出来上りで折る
⑧前見返し側に倒す
⑦縫い代は割る
1.5残して縫い止める
1.5
a×
b
⑤0.1手前まで切込みを入れる
c
1
見返し切替え布（表）
⑥切込みを開き中表に合わせて見返し側からミシン
a
b
1
c
見返し切替え布（裏）
a
b
c
前見返し（裏）

2 ヨーク・裏衿と前見返し・表衿を中表に合わせて縫う

①中表に合わせて合い印をそろえ表衿の余りをいせ込んでミシン
1
細かい針目で縫う
②0.5にカットして切込みを入れる
表衿（裏）
③カットする
0.7
裏衿（表）
ぎりぎりまで切り込む
見返し切替え布（裏）
前見返し（裏）
④縫い目から折る
ヨーク（裏）

⑤表に返し、0.1控えて整える
表衿（裏）
裏衿（表）
ヨーク（表）
⑥布端をそろえ、出来上りの際にしつけ（このとき、前見返し・表衿にゆとりが入る）

表衿（表）
裏衿（表）
ヨーク（表）
⑦合い印をそろえて重ね、仮どめする

3 ヨークと見返しを表・裏切替え布ではさんで縫う

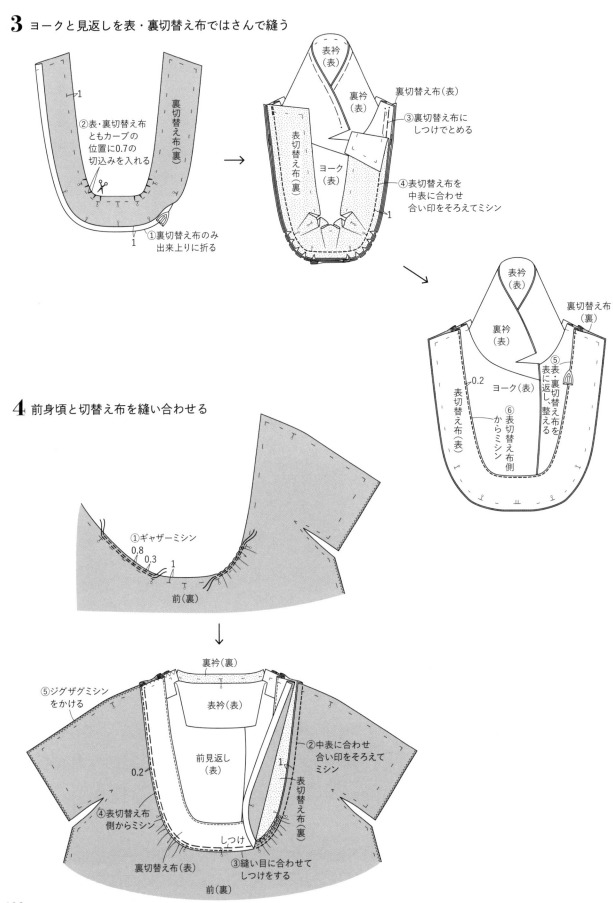

②表・裏切替え布ともカーブの位置に0.7の切込みを入れる

裏切替え布(裏)

①裏切替え布のみ出来上りに折る

1

表衿(表)

裏衿(表)

裏切替え布(表)

③裏切替え布にしつけでとめる

表切替え布(裏)

ヨーク(表)

④表切替え布を中表に合わせ合い印をそろえてミシン

1

表衿(表)

裏衿(表)

裏切替え布(裏)

ヨーク(表)

⑤表・裏切替え布を表に返し、整える

0.2

表切替え布(表)

⑥表切替え布側からミシン

4 前身頃と切替え布を縫い合わせる

①ギャザーミシン

0.8

0.3

1

前(裏)

裏衿(裏)

表衿(表)

⑤ジグザグミシンをかける

前見返し(表)

②中表に合わせ合い印をそろえてミシン

1

表切替え布(裏)

0.2

④表切替え布側からミシン

裏切替え布(表)

しつけ

③縫い目に合わせてしつけをする

前(裏)

8 肩を縫う

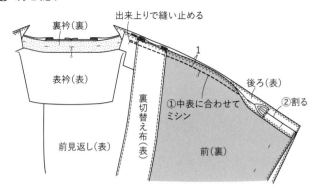

裏衿（裏）

出来上りで縫い止める

表衿（表）

①中表に合わせて
ミシン

裏切替え布（表）

後ろ（表）

②割る

前見返し（表）

前（裏）

1

9 後ろ衿ぐりを縫う

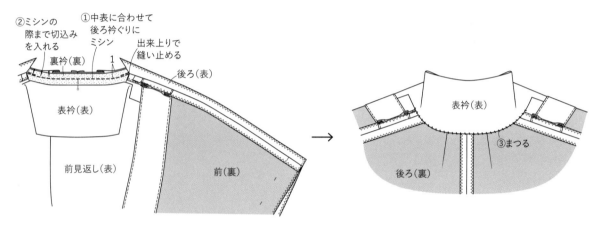

②ミシンの
際まで切込み
を入れる

①中表に合わせて
後ろ衿ぐりに
ミシン

出来上りで
縫い止める

裏衿（裏）

表衿（表）

後ろ（表）

前見返し（表）

前（裏）

1

→

表衿（表）

③まつる

後ろ（裏）

12 リボンを作り（105ページ参照）、つける

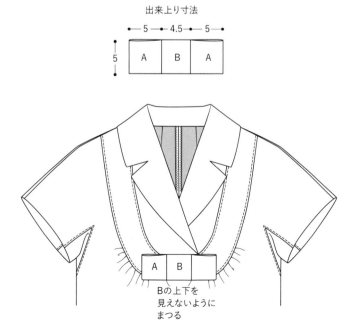

出来上り寸法

5 — 4.5 — 5

5

| A | B | A |

| A | B |

Bの上下を
見えないように
まつる

写真 **20** ページ
実物大パターン **C**面

【材料】左から S/M/L/LL サイズ
表布 [Garden (DARUMA FABRIC) オフ白×黄
色] … 110cm 幅　3m30cm/3m30cm/
3m40cm/3m40cm
リボン [8900 グログラン (MOKUBA) 14 マス
タード] … 1.5cm 幅　2m80cm/3m/3m
10cm/3m20cm
接着芯 … 90cm 幅　30cm
接着テープ … 1.5cm 幅　1m20cm
コンシールファスナー … 56cm　1本
スプリングホック … 1組み
【出来上り寸法】左から S/M/L/LL サイズ
バスト 91/94/97/100cm
ウエスト 67/70/73/76cm
背丈 37/37.5/38/38.5cm
スカート丈 67/68/69/70cm
【作り方】
●表衿、前後衿ぐり見返し、前後袖ぐり見返し
に接着芯、ファスナー位置に接着テープをはる
●身頃の後ろ中心、肩、脇、前後衿ぐり見返しと
前後袖ぐり見返しの奥、スカート（上段・下段）
の縦切替えすべてにジグザグミシンをかける

1　ウエストダーツを縫う
2　身頃の肩と脇、前後衿ぐり見返しの肩、前
　後袖ぐり見返しの肩と脇をそれぞれ縫う
3　身頃と袖ぐり見返しを中表に合わせて縫う
　（**92** ページ 参照）
4　上段スカートの脇を縫い、ギャザーを寄せる
5　身頃と上段スカートを縫い合わせる
6　後ろ中心を縫い、ファスナーをつける（**77**
　ページ 参照）
7　衿を作る
8　身頃と見返しに衿をはさんで衿をつける
9　下段スカートを 4 枚縫い合わせてギャザー
　を寄せ、裾を三つ折りにして縫う
10　スカートの上段と下段を縫い合わせる
11　リボンをつける
12　スプリングホックをつける（**79** ページ 参照）

【裁合せ図】
表布

前衿ぐり見返し(1枚)　わ
後ろ身頃(2枚)　1.2
後ろ衿ぐり見返し(2枚)
前身頃(1枚)
表衿(2枚)　裏衿(2枚)
後ろ袖ぐり見返し(2枚)
前袖ぐり見返し(2枚)
前上段スカート(1枚)
後ろ上段スカート(2枚)　1.2　あき止り　2
前下段スカート(1枚)　2
前下段スカート(1枚)　2
後ろ下段スカート(1枚)　2
後ろ下段スカート(1枚)　2

330/330/340/340 cm

110cm幅

＊指定以外の縫い代は1cm
＊　は裏に接着芯または
接着テープをはる
＊ www はジグザグミシンをかける
＊用尺は上からS／M／L／LLサイズ

前　12　8　7
3　2
1
5
11
4　10
9

後ろ
6

1 ウエストダーツを縫う

2 身頃の肩と脇、前後衿ぐり見返しの肩、前後袖ぐり見返しの肩と脇をそれぞれ縫う

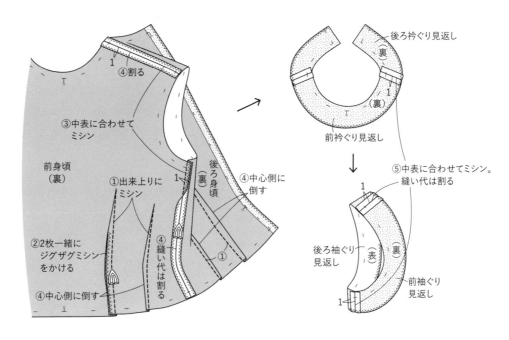

④割る
1
③中表に合わせてミシン
前身頃（裏）
①出来上りにミシン
②2枚一緒にジグザグミシンをかける
④中心側に倒す
後ろ身頃（裏）
④縫い代は割る
①
④中心側に倒す
1
④中心側に倒す

後ろ衿ぐり見返し（裏）
1
前衿ぐり見返し
⑤中表に合わせてミシン。縫い代は割る
1
後ろ袖ぐり見返し
（表）（裏）
前袖ぐり見返し
1

4 上段スカートの脇を縫い、ギャザーを寄せる

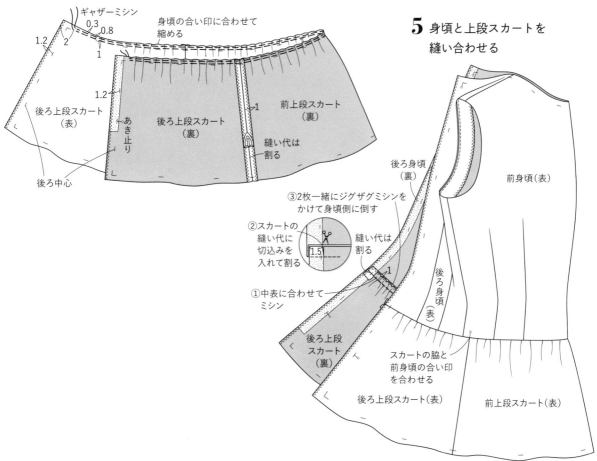

ギャザーミシン
0.3 0.8
1.2 2 1
身頃の合い印に合わせて縮める
後ろ上段スカート（表）
1.2
あき止り
後ろ上段スカート（裏）
前上段スカート（裏）
1
縫い代は割る
後ろ中心

5 身頃と上段スカートを縫い合わせる

③2枚一緒にジグザグミシンをかけて身頃側に倒す
②スカートの縫い代に切込みを入れて割る
1.5
縫い代は割る
①中表に合わせてミシン
後ろ上段スカート（裏）

後ろ身頃（裏）
前身頃（表）
後ろ身頃（表）
1
スカートの脇と前身頃の合い印を合わせる
後ろ上段スカート（表）
前上段スカート（表）

7 衿を作る

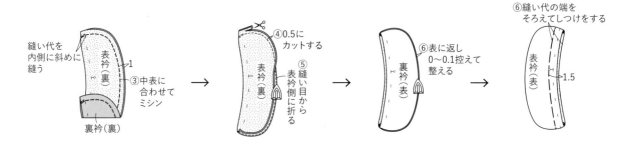

縫い代を
内側に斜めに
縫う

表衿（裏）—1

③中表に
合わせて
ミシン

裏衿（裏）

④0.5に
カットする

表衿（裏）

⑤縫い目から
表衿側に折る

裏衿（裏）

⑥表に返し
0〜0.1控えて
整える

⑥縫い代の端を
そろえてしつけをする

表衿（表）—1.5

8 身頃と見返しに衿をはさんで衿をつける

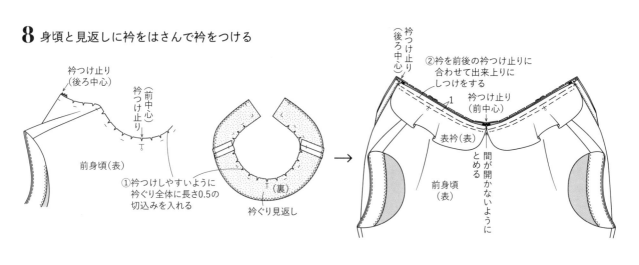

衿つけ止り
（後ろ中心）

衿つけ止り
（前中心）

前身頃（表）

①衿つけしやすいように
衿ぐり全体に長さ0.5の
切込みを入れる

衿ぐり見返し
（裏）

衿つけ止り
（後ろ中心）

②衿を前後の衿つけ止りに
合わせて出来上りに
しつけをする

衿つけ止り
（前中心）

表衿（表）

前身頃
（表）

間が開かないように
とめる

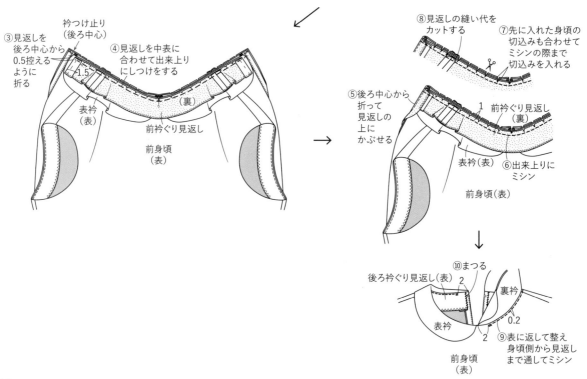

③見返しを
後ろ中心から
0.5控える
ように
折る

衿つけ止り
（後ろ中心）

1.5

表衿
（表）

④見返しを中表に
合わせて出来上り
にしつけをする

（裏）

前衿ぐり見返し

前身頃
（表）

⑤後ろ中心から
折って
見返しの
上に
かぶせる

⑧見返しの縫い代を
カットする

⑦先に入れた身頃の
切込みも合わせて
ミシンの際まで
切込みを入れる

1　前衿ぐり見返し
（裏）

表衿（表）

⑥出来上りに
ミシン

前身頃（表）

後ろ衿ぐり見返し（表）

⑩まつる

2

裏衿

表衿

0.2

表衿

2

⑨表に返して整え
身頃側から見返し
まで通してミシン

前身頃
（表）

9 下段スカートを4枚縫い合わせて
ギャザーを寄せ、裾を三つ折りにして縫う

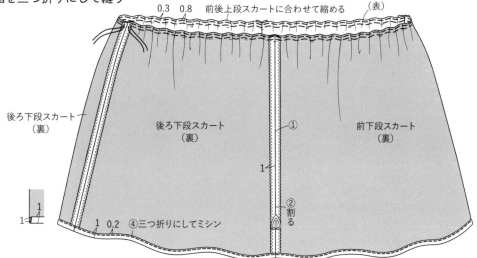

③ギャザーミシン

0.3　0.8　前後上段スカートに合わせて縮める

前下段スカート（表）

後ろ下段スカート（裏）

後ろ下段スカート（裏）

①

前下段スカート（裏）

1

1

1

②割る

1　0.2　④三つ折りにしてミシン

10 スカートの上段と下段を縫い合わせる

11 リボンをつける

12 スプリングホックをつける

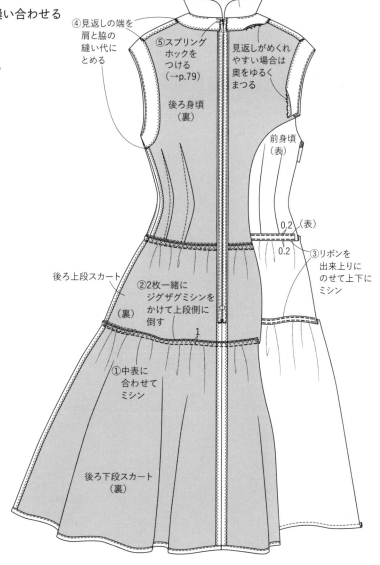

表衿（表）

④見返しの端を肩と脇の縫い代にとめる

⑤スプリングホックをつける（→p.79）

見返しがめくれやすい場合は奥をゆるくまつる

後ろ身頃（裏）

前身頃（表）

0.2　（表）

0.2

③リボンを出来上りにのせて上下にミシン

後ろ上段スカート

②2枚一緒にジグザグミシンをかけて上段側に倒す

（裏）

1

①中表に合わせてミシン

後ろ下段スカート（裏）

8

写真 **22**ページ
実物大パターン **B**面

【材料】左からS/M/L/LLサイズ
表布[フレンチコーデュロイ (CHECK & STRIPE) すみれグレー] … 105cm幅
3m80cm/3m90cm/3m90cm/4m
接着芯 … 90cm幅　40cm
接着テープ … 1.5cm幅　3m50cm
コンシールファスナー … 56cm　1本
スプリングホック … 1組み
【出来上り寸法】左からS/M/L/LLサイズ
バスト 92/95/98/101cm
ウエスト 69/72/75/78cm
背丈 37.5/38/38.5/39cm
スカート丈 69.5/70.5/71.5/72.5cm
【作り方】
● 前後見返しに接着芯、前後衿ぐり、前後袖ぐり、ファスナーつけ位置に接着テープをはる
● 身頃の後ろ中心、切替え線、脇、裾、前後見返しの奥にジグザグミシンをかける

1　後ろ中心を縫い、ファスナーをつける（**77**ページ 参照）
2　ウエストダーツを縫う
3　切替え線を縫う
4　身頃、見返しの脇をそれぞれ縫う
5　身頃と見返しを中表に合わせ、衿ぐり、袖ぐりを縫う（**78**ページ 参照）
6　身頃、見返しの肩をそれぞれ縫い、見返しの始末をする（**79**ページ 参照）
7　裾を二つ折りにしてまつる（**79**ページ 参照）
8　スプリングホックをつける（**79**ページ 参照）
9　リボンを作り、つける

前　**6**　**5**　**8**　**9**　**2**　**3**　**4**　**7**

後ろ　**1**

*指定以外の縫い代は1cm
* ▨ は裏に接着芯または
　接着テープをはる
* 〜〜〜 はジグザグミシンをかける
*用尺は上からS/M/L/LLサイズ

【裁合せ図】
表布

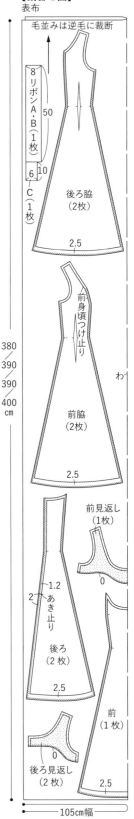

毛並みは逆毛に裁断

8 リボンA・B（1枚）　50

6　10　C（1枚）

後ろ脇（2枚）　2.5

前身頃つけ止り

前脇（2枚）　2.5

前見返し（1枚）　0

1.2　あき止り　2

後ろ（2枚）　2.5

後ろ見返し（2枚）

前（1枚）　0

2.5

380/390/390/400cm

わ

105cm幅

2 ウエストダーツを縫う

3 切替え線を縫う

4 身頃、見返しの脇を
それぞれ縫う

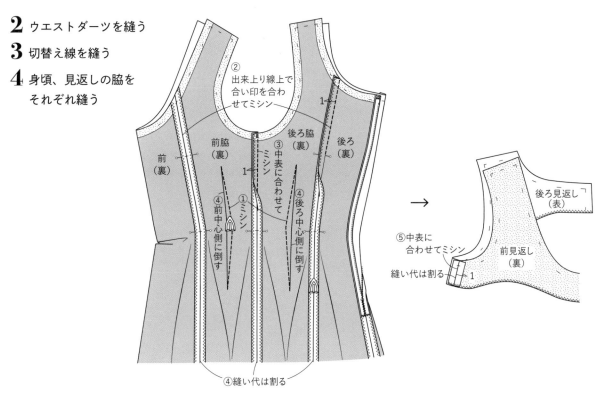

② 出来上り線上で
合い印を合わ
せてミシン

1

③ 中表に合わせて

④ 前中心側に倒す

① ミシン

④ 後ろ中心側に倒す

前（裏）

前脇（裏）

後ろ脇（裏）

後ろ（裏）

1

④縫い代は割る

→

⑤中表に
合わせてミシン

縫い代は割る

後ろ見返し（表）

前見返し（裏）

1

9 リボンを作り、つける

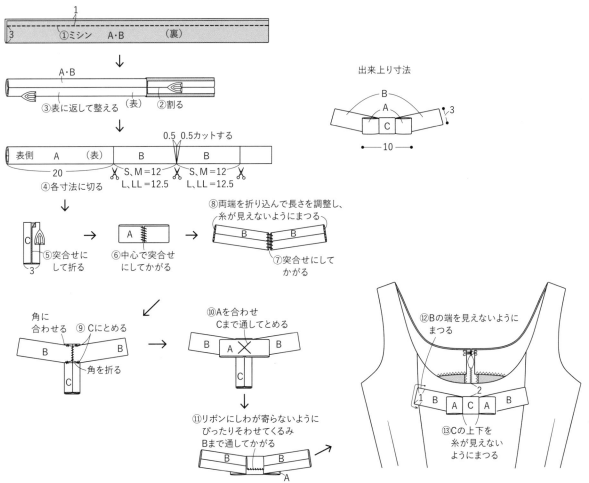

① ミシン　A・B　（裏）

3

1

↓

A・B

③表に返して整える　（表）

②割る

↓

出来上り寸法

B

A

C

3

10

0.5　0.5カットする

表側　A　（表）

B

B

20

S、M＝12
L、LL＝12.5

S、M＝12
L、LL＝12.5

④各寸法に切る

↓

C

3

⑤突合せに
して折る

→

A

⑥中心で突合せ
にしてかがる

→

⑧両端を折り込んで長さを調整し、
糸が見えないようにまつる

B

B

⑦突合せにして
かがる

↓

角に
合わせる

⑨Cにとめる

B

B

C

角を折る

→

⑩Aを合わせ
Cまで通してとめる

B

A

B

C

↓

⑪リボンにしわが寄らないように
ぴったりそわせてくるみ
Bまで通してかがる

B

B

A

⑫Bの端を見えないように
まつる

2

1

A　C　A

B

⑬Cの上下を
糸が見えない
ようにまつる

写真　**24**ページ上
実物大パターン　**D**面

【材料】全サイズ共通
表布［コットン小さなプルメリア（CHECK & STRIPE）ホワイト］
…100〜105cm幅（有効幅92〜98cm）　40cm
接着芯…90cm幅　40cm
スプリングホック…1組み
【出来上り寸法】左からS/M/L/LLサイズ
首回り36.5/37.5/38/38.5cm

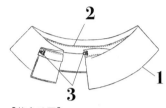

【裁合せ図】
表布

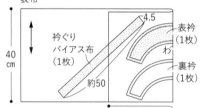

＊指定以外の縫い代は1cm
＊　　　は裏に接着芯をはる
＊用尺は全サイズ共通

【作り方】
●表衿、衿ぐりバイアス布に接着芯をはる
1　衿の周囲を縫う
2　衿に衿ぐりバイアス布をつける
3　スプリングホックをつける

2 衿に衿ぐりバイアス布をつける

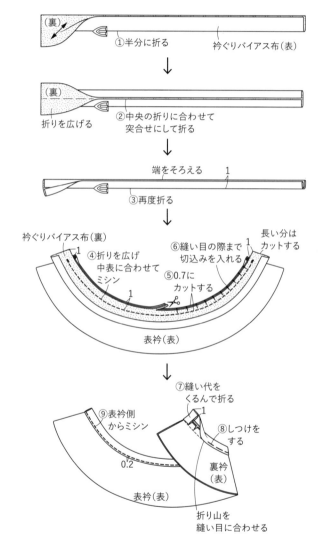

1 衿の周囲を縫う

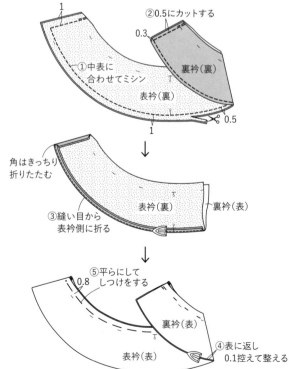

3 スプリングホックをつける（つけ方は→p.79）

0.1出す　　0.1控える

表衿（表）

10

写真　**24**ページ下
実物大パターン　**D**面

【材料】全サイズ共通
表布 [プレミアムハーフリネン（CHECK & STRIPE）ホワイト] … 120cm幅　1m
接着芯 … 90cm幅　40cm
スプリングホック … 1組み
ブローチピン … 1個
【出来上り寸法】左からS/M/L/LLサイズ
首回り 36.5/37.5/38/38.5cm
【作り方】
●表衿、衿ぐりバイアス布に接着芯をはる

1　フリルをはさんで衿の周囲を縫う
2　衿に衿ぐりバイアス布をつける（**116**ページ 参照）
3　スプリングホックをつける（**116**ページ 参照）
4　フリルをはさんでリボンの周囲を縫う
5　リボンの中心にタックをたたんで中心布でくるみ、
　　ブローチピンをつける

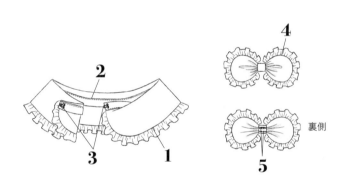

【裁合せ図】

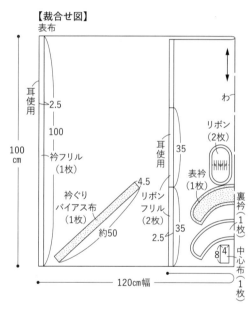

*指定以外の縫い代は1cm
* ▨ は裏に接着芯をはる
*用尺は全サイズ共通

1 フリルをはさんで衿の周囲を縫う

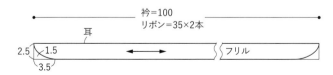

118ページに続く

1 の続き

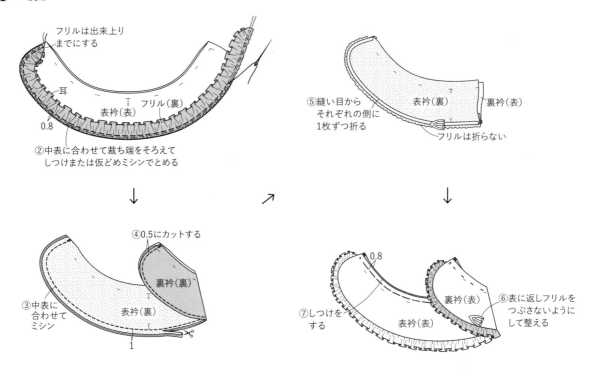

フリルは出来上り
までにする

耳

表衿（表）　フリル（裏）

0.8

②中表に合わせて裁ち端をそろえて
しつけまたは仮どめミシンでとめる

⑤縫い目から
それぞれの側に
1枚ずつ折る

表衿（裏）　裏衿（表）

フリルは折らない

④0.5にカットする

裏衿（裏）

③中表に
合わせて
ミシン

表衿（裏）

1

0.8

⑦しつけを
する

裏衿（表）

表衿（表）

⑥表に返しフリルを
つぶさないように
して整える

4 フリルをはさんでリボンの周囲を縫う

5 リボンの中心にタックをたたんで、中心布でくるみ、ブローチピンをつける

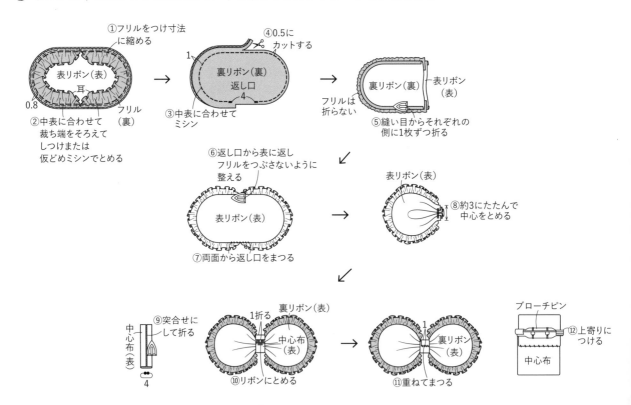

①フリルをつけ寸法
に縮める

表リボン（表）

耳

0.8

フリル
（裏）

②中表に合わせて
裁ち端をそろえて
しつけまたは
仮どめミシンでとめる

④0.5に
カットする

1

裏リボン（裏）
返し口

4

③中表に合わせて
ミシン

裏リボン（裏）

表リボン
（表）

フリルは
折らない

⑤縫い目からそれぞれの
側に1枚ずつ折る

⑥返し口から表に返し
フリルをつぶさないように
整える

表リボン（表）

⑦両面から返し口をまつる

表リボン（表）

⑧約3にたたんで
中心をとめる

⑨突合せに
して折る

中心布
（表）

4

1折る

裏リボン（表）

中心布
（表）

⑩リボンにとめる

1

表リボン（表）

裏リボン
（表）

⑪重ねてまつる

ブローチピン

中心布

⑫上寄りに
つける

中原淳一が手がけた雑誌

少女の友
（実業之日本社刊）

1932年、19歳の時に同誌で挿絵作家としてデビューし、少女たちから絶大な人気を得る。以後、表紙、口絵、挿絵、さらに誌面の編集や付録の企画デザインも担当するようになる。中原淳一にとって、編集者としての仕事の原点となる。戦時下、中原淳一が描く少女が「軍国主義と相反する」という理由で、当局の圧力により1940年に降板。

それいゆ
（1946〜1960）

戦後の焼け跡に、女性たちの夢と希望を蘇らせようと決意した中原淳一が創刊した雑誌。「美しく生きること」をテーマに、「ものはなくても、美しい暮らしはできる」として、ファッションや手芸、料理、芸能、音楽、文学、映画、恋愛に至るまで、外見のみならず内面の精神のありようをも伝え続けた。創刊号はまたたく間に完売。

ひまわり
（1947〜1952）

『それいゆ』創刊の翌年、「美しくて、賢くて、優しくて、ものを考えることの出来る女性になるためには、それにふさわしい少女の雑誌が必要」として誕生した少女雑誌。みだしなみやインテリアの工夫、名作ダイジェスト、女性としての美しい生き方、暮らし方のヒントなど、多岐にわたるコンテンツで少女たちを支えた。

ジュニア それいゆ
（1954〜1960）

キャッチコピーは、「十代のひとの美しい心と暮らしを育てる」。中原淳一がパリ滞在中、雑誌の売り上げが激減したことから、帰国予定を早めて、『ひまわり』に代わる若い世代の雑誌として創刊。パリで磨かれた感性がいかんなく発揮され、明るくモダンな雰囲気の誌面づくりは、当時の若者たちの熱烈な支持を集めた。

女の部屋
（1970〜1971）

精力的な活動を続けるも病に倒れるが、雑誌作りに対する情熱は衰えず、十数年の療養生活の後に創刊。「お金さえあれば何一つ手に入らないものはない時代になり、そればかりか必要以上にデラックスなものへ憧れは向けられている」という風潮の中で、伝えていきたいものを探る中、3度倒れ、わずか1年で廃刊を余儀なくされる。

中原淳一 （1913〜1983）

1913年香川県に生まれる。昭和初期、少女雑誌『少女の友』の人気画家として一世を風靡。戦後まもない1946年、独自の女性誌『それいゆ』を創刊、続いて『ひまわり』『ジュニアそれいゆ』などを発刊し、夢を忘れがちな時代の中で女性たちに暮しもファッションも心も「美しくあれ」と幸せに生きる道筋を示してカリスマ的な憧れの存在となった。活躍の場は雑誌にとどまらず、日本のファッション、イラストレーション、ヘアメイク、ドールアート、インテリアなど幅広い分野で時代をリードし、そのすべての分野で日本における先駆的な存在となる。その卓越したセンスと不朽のメッセージは現代もなお人々のこころを捉え、幅広い世代から人気と支持を得ている。妻は宝塚歌劇団の男役トップスターで、戦後は女優として映画テレビで活躍した葦原邦子（1912~1997）。
公式ホームページ：https://www.junichi-nakahara.com

監修 ———————— ひまわりや

撮影 ———————— 佐々木 慎一

スタイリング ———— 相澤 樹

ブックデザイン ——— わたなべひろこ（Hiroko Book Design）

モデル ——————— 小宮山 莉渚

ヘアメイク ————— 橘 房図

パターン製作 ———— 助川 睦子

グレーディング ——— 上野 和博

縫製 ———————— 橋本 紘予

原稿整理 ————— 助川 睦子

トレース —————— 大楽 里美

DTP ———————— 文化フォトタイプ（p.76 〜 118）

校閲 ———————— 向井 雅子

編集協力 ————— 中原利加子

編集 ———————— 井尾 淳子

　　　　　　　　　三角 紗綾子（文化出版局）

■材料提供

生地の森
（p.12-3 表布）
https://www.kijinomori.com

布地のお店 ソールパーノ
（p.8-1a ネクタイ表布、p.14-4a・4b 表布、
p.18-6 表布）
☎ 06-6233-1329
https://sunsquare.shop/c/solpano

服地のひでき
（p.10-2c 表布）
☎ 06-6772-1406
https://rakuten.co.jp/hideki

リバティ ジャパン
（p.14-4c 表布）
☎ 03-6412-8320
https://liberty-japan.co.jp

CHECK&STRIPE
（p.8-1a・1b 表布、p.16-5 表布・別布、p.22-8 表布、
p.24上-9 表布、p.24下-10 表布）
https://checkandstripe.com

DARUMA FABLIC
（p.10-2a 表布・2b 表布、p.20-7 表布）
http://daruma-fabric.com

MOKUBA
（p.20-7 リボン）
東京都台東区蔵前 4-16-8
☎ 03-3864-1408

中原淳一のスタイルブック
わたしのおしゃれ

2023年6月25日　第1刷発行
2023年7月31日　第2刷発行

著　者　　中原淳一
発行者　　清木孝悦
発行所　　学校法人文化学園 文化出版局
　　　　　〒 151-8524　東京都渋谷区代々木 3-22-1
　　　　　☎ 03-3299-2487（編集）
　　　　　☎ 03-3299-2540（営業）
印刷・製本所　株式会社文化カラー印刷